BIANLI MENDIAN GUIFANHUA

ZUOYE LIUCHENG FUWU XIJIE YINAN JIEDA

服务业精细化管理系列丛书

便利门店规范化

作业流程·服务细节·疑难解答

图解版

刘春海 主编

SPM
南方出版传媒
广东经济出版社
·广州·

图书在版编目（CIP）数据

便利门店规范化作业流程·服务细节·疑难解答（图解版）/刘春海主编．—广州：广东经济出版社，2014.12
服务业精细化管理系列丛书
ISBN 978-7-5454-3616-7

Ⅰ.①便… Ⅱ.①刘… Ⅲ.①零售商店-商业管理-图解 Ⅳ.①F713.32-64

中国版本图书馆CIP数据核字（2014）第232189号

出版发行	广东经济出版社（广州市环市东路水荫路11号11~12楼）
经销	全国新华书店
印刷	广东新华印刷有限公司 （广东省佛山市南海区盐步河东中心路）
开本	730毫米×1020毫米 1/16
印张	10.25 2插页
字数	166 000字
版次	2014年12月第1版
印次	2014年12月第1次
印数	1~4 000册
书号	ISBN 978-7-5454-3616-7
定价	32.00元

如发现印装质量问题，影响阅读，请与承印厂联系调换。
发行部地址：广州市环市东路水荫路11号11楼
电话：（020）38306055 38306107 邮政编码：510075
邮购地址：广州市环市东路水荫路11号11楼
电话：（020）37601950 营销网址：**http://www.gebook.com**
广东经济出版社新浪官方微博：**http://e.weibo.com/gebook**
广东经济出版社常年法律顾问：何剑桥律师

前言

精益生产管理技术在制造型企业已得到广泛应用。随着经济的发展，精益思想逐渐渗透到社会的各个层面，日益受到人们的关注。近年来，有关精益管理在服务业，特别是传统服务业，如酒店、餐饮、零售、汽车等服务企业如何运用的话题越来越多。

服务业的精益管理更多的是继承精益生产管理的理念，而非精益生产管理模式。换句话说，精益服务管理是以用尽可能少的投入来获取尽可能多的产出，最大限度地满足客户需求为基本目标的一种管理方法。因而，准确地说"精益服务管理"应被称为"精细化服务管理"。

虽然目前服务业精益管理尚无统一的模式可循，但是本着"精细化服务管理"的基本理念在服务业开展精益管理，也应遵循"为顾客准备好想要的东西；在顾客需要的时间和地点提供价值；不浪费顾客的时间"的原则。服务业是一个管理复杂的行业，其员工多、岗位多、工种多、要求多，管理起来相应地就要费时、费心、费力，若不实施精细化管理，则难以把服务做到位、做得好，也就难以吸引顾客。

精细化管理是将管理工作制度化、格式化、程序化，强调执行力，也就是细分服务对象、细分职能和岗位、细化分解每一项具体工作，并落实到具体的环节中。"精"可以理解为更好、更优，精益求精；"细"可以解释为更加具体，细针密缕，细大不捐。精细化管理最基本的特征就是重细节、重过程、重具体、重落实、重质量、重效果，讲究专注地做好每一件事，在每一个细节上精益求精、力争最佳。

然而，对于一些服务型企业来说，要做到精细化管理谈何容易！许多服务业的创业者、管理者在管理上茫然无措，从而造成成本居高不下、员工总是留不住、每天忙忙碌碌却收益不高等情况出现。

基于此，我们组织编写了"服务业精细化管理系列"丛书。本套丛书涵盖七个方面：便利门店、酒店前厅、酒店客房、酒楼餐厅、汽车4S店、保险销售、休闲娱乐中心。

《便利门店规范化作业流程·服务细节·疑难解答》（图解版）由作业流程、服务细节、疑难解答三大模块组成。

◇作业流程。将便利店经营中一些常用的管理流程、工作流程等予以清晰的展示，步骤清晰，一看就懂。

◇服务细节。服务细节则是对便利店作业流程中需要注意的细节的具体分析指导，以弥补作业流程没有具体讲解分析的内容。

◇疑难解答。疑难解答则是对便利店作业流程中经常遇到的问题的一个解释分析，采用提问的形式进行解答，可以让读者直接找到解决问题的方法。

本书最大的特色是将文字图解化，有着大量的图示及解说，内容简单易懂。每章正文前均有一个本章的概括性图示，实现了全面的图解化。

“服务业精细化管理系列”丛书在编写过程中，参阅了大量文献及网上资料，在此，特向所有文献和资料的作者表示衷心的感谢。

目　录

第一章　开店筹划规范化作业流程·服务细节·疑难解答

中国有句古话："预则立，不预则废。"就是说做事要有准备才能做好。比如便利店的开店筹划就是如此，店铺定位、市场分析等一样都不能少。经营成功与否，除经营管理策略应用得当外，做好前期的各项筹划工作也是必不可少的。

第二章 商品管理规范化作业流程·服务细节·疑难解答

便利店的营业面积很小，但由于商品种类众多，因此，便利店的商品管理也是便利店经营者需要经常研究的问题。便利店的商品管理需要做好商品价签、商品组合、商品陈列的基础工作，以此为顾客提供更加优质的服务，提升便利店的利润。

第三章 收银管理规范化作业流程·服务细节·疑难解答

便利店收银员的工作不仅关系到门店营业收入的准确性，还是整个便利店的一项综合性管理工作。收银员在其收银作业的过程中，除了结算货款外，还要向顾客提供各种商品和服务信息，解答顾客的提问等。

第四章　顾客服务规范化作业流程·服务细节·疑难解答

便利店只有加强服务，才能满足顾客的需求，才能赢得顾客的信赖，才能提升顾客的满意度；同时，只有加强服务，才能体现自身价值和满足自身发展的需求，因为只有服务得到了赞同和市场的认可，便利店才能在这个激烈竞争的市场中立于不败之地。

第五章　物流管理规范化作业流程·服务细节·疑难解答

便利店经营效率的高低在很大程度上取决于其产品配送效率的高低。随着我国连锁便利店的大规模扩张，对物流配送的需求越来越强烈，要求也越来越高，因此必须做好便利店的物流管理工作。

第六章　安全卫生管理规范化作业流程·服务细节·疑难解答

由于便利店24小时营业、现金交易且采用开架陈列，所以安全管理绝对不能放松，以确保顾客购物安全，向店员提供安全的工作环境，减少损失。同时，便利店的卫生管理工作也不能忽略，为顾客提供一个良好的购物环境，是提升营业额的基本保障。

第七章　设备管理规范化作业流程·服务细节·疑难解答

便利店常见的设备包括热汤池、蒸包机、电饭煲、微波炉、制冰机、低温柜、开放式冻柜等。便利店经营者必须做好设备的日常清洁、维护及保养工作，如此才能保证便利店正常、基本的运营。

第一章

开店筹划规范化

作业流程·服务细节·疑难解答

本章导读

中国有句古话："预则立，不预则废。"就是说做事要有准备才能做好。比如便利店的开店筹划就是如此，店铺定位、市场分析等一样都不能少。经营成功与否，除经营管理策略应用得当外，做好前期的各项筹划工作也是必不可少的。

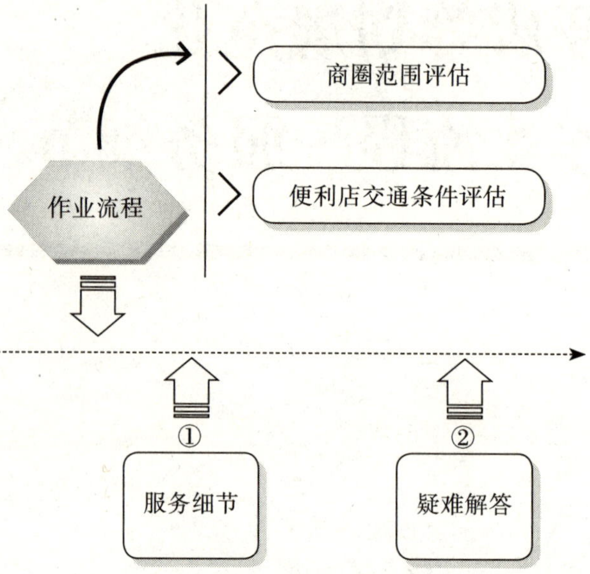

开店筹划示意图

解说

①服务细节是对作业流程中需要注意的细节的具体分析指导。

②疑难解答是对作业流程中经常遇到的问题的解释分析。

第一节　作业流程

流程01：商圈范围评估

商圈受到商品及服务质量的影响，也受可否回应顾客提出的要求所影响，可以就便利店的情况划出范围，或是仅根据外部资料来描绘。商圈范围评估流程如下图所示。

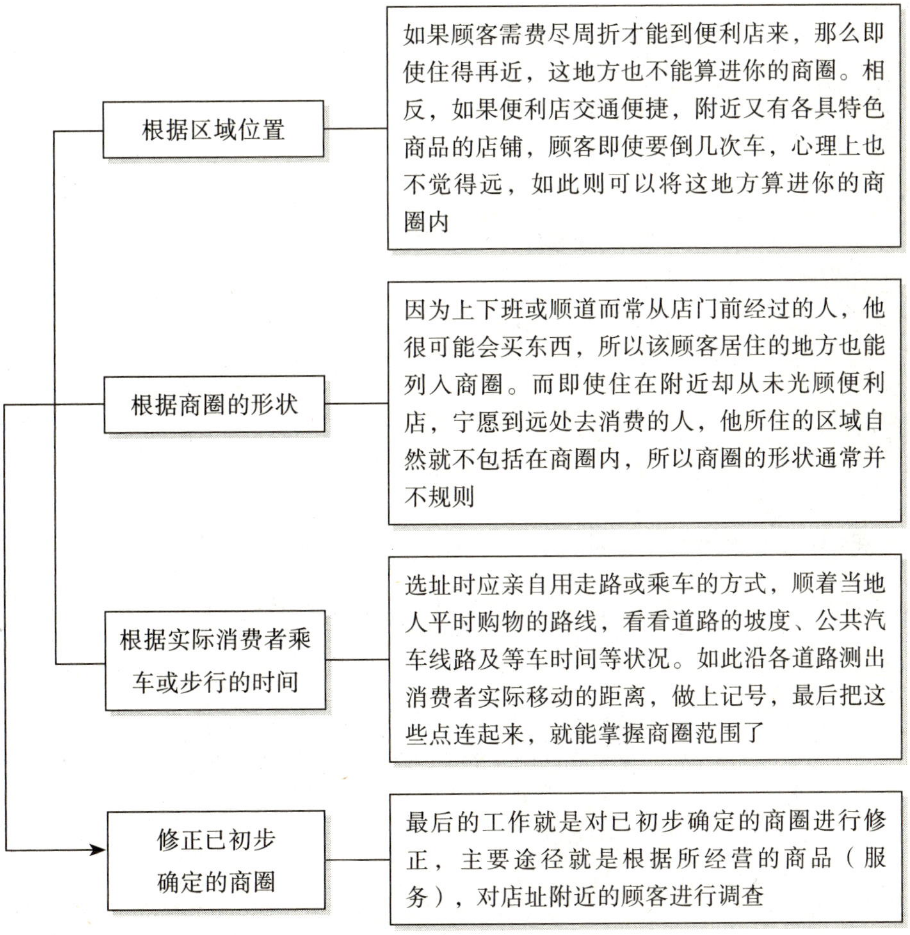

商圈范围评估流程

流程02：便利店交通条件评估

便利店交通条件评估要素如下图所示。

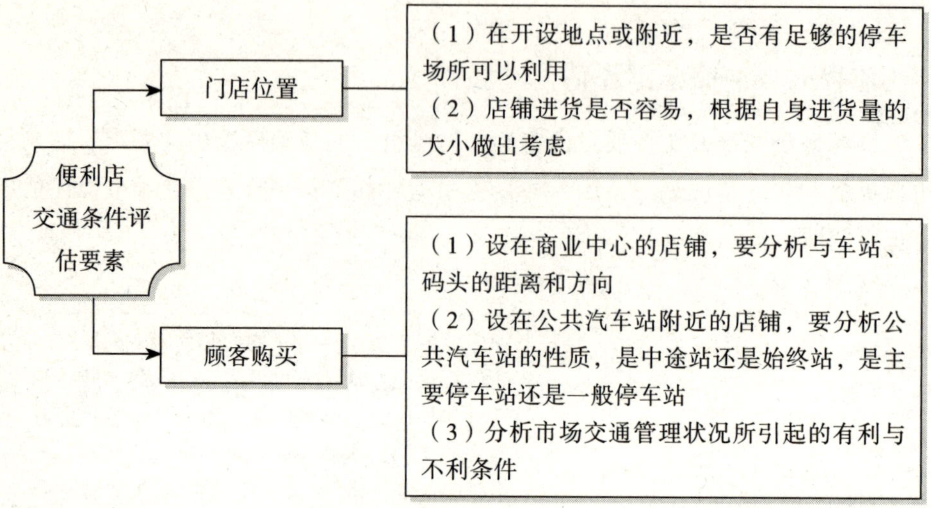

便利店交通条件评估要素

第二节　服务细节

细节01：商圈调查要点

商圈调查要点主要包括以下六个方面，具体如下图所示。

人口数、职业、年龄层

人口数的调查是相当重要的，它可大略估计该商圈是否有该店立足的基本客数。例如人口数为10000人的A商圈，其上班人口及上学人口占3/5，A商圈基本上有6000名上班人口及上学人口

消费习性、生活习惯

消费习性及生活习惯的调查，可得知某一形态的商业行为其现有市场量的大小

流动人口	店铺的地理位置、流动人口的多少，直接影响该店经营的成功与否。不同时段的流动人口调查乘以流动人员入店率，可推出来客数，并可粗估每日营业额
商圈利基点设施	利基点设施调查，如商圈内其他百货公司、超市、学校、工厂、车站、公园、写字楼等，对于招徕流动人口，增加商店来客数都有显著作用，不同业态的店铺有不同的利基设施
竞争店调查	对同一商圈内同业态竞争店的调查，如其产品线、价格线、经营方向、日来客数、客单价资料等，掌握得越多越翔实，就越有利于自己制定竞争对策
商圈未来发展	如商圈未来人口增加数，学校、公园、车站的设立，道路拓宽改造，百货公司、大型超市、住宅区的兴建计划等

商圈调查要点

细节02：便利店客流分析

便利店客流分析要素如下图所示。

客流类型	（1）自身的客流。即专门为购买某商品的来店顾客所形成的客流。评估本身客流的大小及发展规模 （2）分享客流。即一家店铺从邻近店铺中获得客流。不少小店依大店而设，就是利用这种分享客流 （3）派生客流。即顺路进店的顾客所形成的客流。在一些旅游点、交通枢纽、公共场所附近设立的店铺
客流目的、速度和滞留时间	如在一些公共场所附近、车辆通行干道，客流规模很大，虽然他们也会顺便或临时购买一些商品，但客流目的不是为了购物，同时，客流速度快，滞留时间较短，很难形成规模优势
街道特点	（1）交叉路口客流集中，能见度高，是最佳开设地点 （2）有些街道由于两端的交通条件不同或通向地区不同，客流主要来自街道一端，表现为一端客流集中，纵深处逐渐减少的特征，宜设在客流集中的一端 （3）有些街道，中间地段客流规模大于两端，相应的店址设在中间地段就更能招徕潜在顾客

街道两侧客流规模	（1）同样一条街道两侧的客流规模，可能会由于交通条件、光照条件、公共场所设施等影响而有所差异 （2）人们骑车、步行或驾驶汽车都是靠右行，往往习惯光顾行驶方向右侧的门店

便利店客流分析要素

细节03：便利店立地条件禁忌

便利店立地条件禁忌如下图所示。

面宽不得小于4米	面宽小于4米的店铺很难引起顾客注意，显眼度有明显缺陷。一般来说，以面宽大于6米以上的店铺为佳
门前台阶不得高过1.5米	便利店是迎合顾客，而不是吸引顾客，台阶高于1.5米的店铺迎客度有明显问题
地下店铺或二层店铺	设在地下室或楼上的便利店的主要缺点是：顾客进出不方便，店铺位置不醒目而难以招徕顾客，从而违背了便利店主要提供方便的原则
店铺动线	店铺附近有很多顾客，但顾客是否需要经过目标店呢？顾客是必须路过店前，还是需要为了购买特意来到门店呢？这就是聚合度的问题
店铺的其他缺陷	例如面积小于30平方米、西晒、风口、从主路上看不到等问题，都是影响店铺销售的原因

便利店立地条件禁忌

细节04：不适合开便利店的地方

开一家便利店，不需要多少技术，而且投入不大、赚钱稳、回本快，对许多新移民来说是个容易实现的项目。不过，便利店也不能随意开或买，地理位置特别重要。一般来说，不适合开便利店的地方，主要包括以下几点：

商圈内人口极少的地方	一般来说，便利店商圈半径为500米，在方圆500米的范围内至少有3000人。这3000人应该要由家庭主妇、三口之家、单身青年、中小学生四部分人组成
在马路上无法停车的地方	繁华的大街上虽路人如织，如果不能停车，则将失去买烟和来往的过路客
走下爬上的店铺	设在地下室的便利店由于不能充分发挥便利店的特殊功能，因此客流会受到影响。和前者一样，要登楼梯进入商店，会给顾客带来不方便
形状不规则的店铺	长方形或是正方形的卖场比较适合便利店的经营，如果卖场的形状不规则，那么在一个本来营业面积就很小的空间内就很难合理地去安排商品的陈列，这就会增加顾客选购商品的时间
加盟店太集中的地方	在大多城市，通常情况下租金最好不要超过三天正常的营业额。在加盟店太集中的地方，租金较贵，即使现在业主不提价，租约完后也一定会大幅度提高

不适合开便利店的地方

细节05：开店费用组成

计算店铺投资时，概算出店铺的运营费用也是一项重要的工作。店铺的运营费用包括固定费用和流动费用两个方面，具体如下图所示。

固定费用	固定费用包括房租、员工工资、固定资本折旧费等，如果是贷款还要计算利息，还有店面押金的利息等
流动费用	流动费用包括水电费、电话费、运输费、包装费、商品损失以及各种杂项费用等

开店费用组成

细节06：硬件部分相关费用预测

便利店所需硬件部分相关费用预测具体如下图所示。

装潢	在便利店的装潢设计方面，经营者最先考虑的是具“便利”的定位及主要客层。目前店内营业面积至少达到30平方米才能满足消费者一次购足商品的需求，由此，在装潢上，店内色调必须满足顾客的心理
冰箱	冰箱在便利店是一项非常重要的硬件设备，它具有所陈列商品回转快的特点，因此对店的贡献度无须多言
冷气	冷气使顾客进入店内后，可以享有清凉的感觉，促使顾客在店内停留较长的时间购买较多的商品
水电	在施工期间，从配线、拉管到装开关箱，从送电照明、给水与排水到消防安全，所有过程和材料的品质皆须严格要求，这样整个店能达到安全、美观、实用的标准
货架	货架的功能是陈列商品，让消费者在店内很容易找到所需的商品。货架的构成有单面架、双面架、棚板、前护网、侧护、背网、挂钩等，分135厘米和180厘米两种
招牌	招牌的亮度与色调是促使顾客入店的主要原因。因此，经营者在设计与装置招牌时，要做到色泽让消费者接受、位置明显、亮度明亮等

硬件部分相关费用预测

细节07：管理费用分析

随着竞争越来越激烈，便利店的营业额提升较慢，但管理费用却逐年增加，这种情况下，经营者必须严格控制管理费用，才不至于因费用增加，而使利润下降，造成投资成本回收时间延长。便利店的管理费用主要包括固定费用、变动费用两种，具体如下图所示。

固定费用	（1）管理费用：如员工基本工资、津贴、加班费、资金、福利金等 （2）设备费用：如装潢费、设备折旧、保险费、租金等 （3）维持费用：如水电费、消耗品费、事务费、杂项费等

变动费用	变动费用：如维修费、广告宣传费、包装费、盘损、营业税等

管理费用类别

细节08：便利店形象组成要素

一般来说，便利店的整体形象主要由三个因素构成，具体如下图所示。

内外观	店铺的内外观对其信誉和营销有相当重要的影响。试想想：如果门面装饰不佳，即使店内的商品品质好、种类多，也会无人问津
商品陈列	商品陈列能给店铺经营环境制造舒适轻松的气氛，使顾客在设计美观的商品摆设下，易看易取，自由自在，心情舒畅地选购所需的商品
服务质量	如果服务态度不好，也会损坏店铺的形象。店员有礼貌、能与顾客沟通，懂得商品知识和市场流行趋势，乐于排忧解难，自然对便利店的声誉有良好的影响

便利店形象组成要素

细节09：店铺墙壁类别

店铺的墙壁在设计上应与所陈列商品的色彩及内容协调、与店铺的环境和形象适应，主要类别如下图所示。

类别1	壁面上架设陈列柜，以摆放、陈列商品（多用于食品店、文具店、杂货店、书店、药店等店铺）
类别2	壁面上安置陈列台，以作为商品展示处（多用于各类服饰店、家用电器店等）
类别3	壁面上做简单设备，以悬挂商品、布置展示品（多用于各类电器店、服饰店等店铺）

类别4	壁面上做一些简单设备，作装饰用（多用于家具店等主要在地面展示商品的店铺）
类别5	壁面的材料应以经济实用为原则。比较经济的是在纤维板上粘贴印花饰面，这样，便于安装、拆卸

店铺墙壁类别

细节10：天花板设计考虑问题

天花板所起的作用，不只是把建筑物顶部一些不雅观的部分遮蔽起来，而且要与空间设计、灯光照明相配合，形成优美的购物环境和特定的风格。在设计天花板时应考虑的问题如下图所示。

高度	如果天花板太高，上部空间就太大，顾客就无法感受到亲切的气氛；如果过低，虽然可以给顾客一份亲切感，但压抑感也会随之而来。一般情况下，天花板的高度是根据营业面积而定的，如一个10～20平方米的店铺，天花板的高度应为2.7～3.0米
形状	天花板一般以平面为多，但在其上面加点变化，对于顾客的心理、陈列效果、店内气氛都有很大影响。常用的天花板有：格子形天花板、圆形天花板、垂吊形天花板、波形天花板、半圆形天花板、金字塔形天花板、倾斜天花板、船底形天花板等
与照明设备相配合	（1）以吊灯和外露灯具装饰，以日光灯安置在天花板内，用乳白色的透光塑胶板或蜂窝状的通气窗罩住，做成光面天花板 （2）光面天花板可以使店内灯火通明，但也会造成逆光现象，如与垂吊灯结合则会克服此缺点。天花板装修时在选用材料方面，除了要考虑经济性和可加工性外，还要根据店铺特点考虑防火、消音、耐久等要求

天花板设计考虑问题

第三节　疑难解答

问题01：为何要慎重选择店址

便利店筹建时，做好商圈分析是必不可少的，但最终目的还是为了选定适当的设址地点。店址选择的重要性主要表现在以下几点：

（1）店址选择是一项大的、长期性投资，关系着店铺自身的发展前途。因为店址一经确定，就需要投入大量的资金去营建店铺。当外部环境发生变化时，它不像人、财、物等经营要素可以做相应调整，因其具有长期性、固定性特点。

（2）店址是便利店确定经营目标和制定经营策略的重要依据。

（3）店址选择是否合适，是影响便利店经济效益的一个重要因素。

（4）店址选择要坚持“方便顾客”的原则，以节省顾客的购买时间，并最大限度满足顾客的需要，否则将失去顾客的信赖和支持，店铺也就失去生存的基础。

问题02：如何分析城市规划

店铺开设地点的选择要分析城市建设的规划，既包括短期规划，又包括长期规划。有的地点从当前分析是最佳位置，但随着市场的改造和发展将会出现新的变化而不适合设店；反之，有些地点从当前来看不是理想的开设地点，但从规划前景看会成为有发展前途的新商业中心区。因此，便利店经营者必须从长考虑，在了解地区内的交通、街道、市政、绿化、公共设施、住宅及其他建设或改造项目的规划的前提下，做出最佳地点的选择。

问题03：便利店商圈内人口多少才合适

作为便利店，其商圈内人口多少才算合适呢？其具体标准如下：

（1）社区消费为主或高档社区店户数小于1000户的店铺则认为商圈人口不足，商圈人口不足，导致客票数不足，从而导致店铺经营容易失败。3000～4000个社区商圈人口支撑一个店的经验理论是基本适用于国内便利店的。

（2）办公客流为主的店铺（商务店）需要的客流支撑同样在3000人以上，按照大厦的面积、容积率、访客比例基本可以推算出商圈内人口的数量。

（3）商业街店（客流店）的人口基数至少要超过6000人。商业街大多数是共享客流派生客流，客单价较低，且入店率也会比一般店铺低很多，因此对人数要求高。但一般在繁华区、闹市区都会超过这个基本标准。

店铺商圈人口过少的店铺一定不能开，但并一定意味着超过这个标准的店铺就可以开设。这些忌讳只用来否定店址，并非能够正面评价出优良店铺。

问题04：如何明确店铺的客流

如果说商圈是一个宏观概念的话，那么客流就是一个对应的微观概念，它和商圈是相互印证的。店铺客流包括门前实际客流和经过商圈人口推测出来的理论客流，是重要的微观指标。具体内容如下：

（1）门前实测客流量不足的店铺不开；门前实测客流虽多但无停留理由的店铺不开；理论客流远小于实际客流的店铺不开。总体来说，第一是要确定客流量是否足够；第二就是要确定客流的有效性。

（2）客流的有效性衍生出另一个问题：客流的“质量”问题。客流质量取决于顾客的年龄阶层、收入水平、消费习惯等众多因素，需要详细分析，无法简单地说什么样的客流就不能开店。因此，在开店忌讳中无法给出明确指标，只能概念性地界定。

（3）无明显结点的店铺不开。结点：不同于规划学中的节点概念（节点属于立地条件），是指人群易于集结的地点，例如办公楼、学校、医院、社区等。没有明显结点，就是在预测分析目标店的销售时，无法找出明显的销售结点，开店时不能清晰明确地知道主流顾客是谁，这种店铺很难成功。因此，对客流的来源观察也非常重要。

（4）300米内无任何竞争对手的店铺不开。问题肯定有，具

体情况不同，相信经过简单分析就可以得出不能开店的结论。不过，有一些新兴区域，配套还未建立的办公、居住区域，不能简单地下结论。

问题05：哪些地方适合开便利店

适合便利店立地条件的要点归纳如下：

（1）坐落于“生活道路”。所谓“生活道路”，是指商店所处的道路不是一条单纯的交通道路，周围应该有一定的住家和单位，这样可以保证有一定数量的固定顾客。

（2）紧挨车站。这里的车站主要指地铁车站或者公交车集散站，紧挨车站可以为商店带来较多的流动顾客。

（3）足量的生活人口。一般情况下，商圈内应保证有3000人以上的生活人口（徒步5～7分钟之内），以有利于发挥便利店的便利功能。

（4）靠近人集聚的场所。能集聚人的场所主要指政府机构、影剧场、医院、学校、景点等，它们可以为商店带来大量的客流。

（5）靠近办公楼街。有办公楼存在就有客流存在。办公楼内的客流又是以购买力水平比较高的白领为主，他们对便利店往往具有比较旺盛的即时需求。

（6）临近单身宿舍或单身公寓。单身宿舍或单身公寓里的居住者对便利的追求特别明显，这就为便利店的销售带来了极大的机会。

（7）房租应在一天的销售额以下。便利店的营运必须建立在低成本的基础之上，房租太高将阻碍便利店的规模扩张，适宜的房租最好控制在一天的营业额之内。

（8）竞争者较少。商圈内应尽量没有竞争者，因为，无论如何，竞争对手的便利性将在一定程度上分流顾客，从而影响到经济效益。

问题06：便利店可能涉及的市场准入要求

便利店归属于零售服务业，进入便利店行业并无行业准入条件，只需按正常程序报批并取得工商营业执照便可。但是便利店在扩展服务功能领域时，可能涉及一些行业准入要求。据不完全统计，需要行业准入审批的服务项目主要有：

（1）熟食经营：食品卫生许可证。

（2）卷烟销售：烟草特许经营许可证。

（3）药品销售：药品经营许可证。

（4）话费充值：电信业务经营许可证。

（5）报纸、杂志：报纸零售市场经营证。

至于如何申请服务项目的许可证，经营者可咨询相关行业管理部门或行业协会。

问题07：便利店开店事务有哪些

便利店开店事务主要包括以下几项：

（1）内部装修：包括店铺内部装修、货架定制、购买所有设备与经营用具、招牌制作等。

（2）商品及服务内容：商品及服务构成、政策、商品订购、重点商品及服务确定。

（3）商品采购：理清进货渠道，并具体实施。

（4）陈列方式：确定陈列方式及数量。

（5）销售计划：包括销售目标、促销计划及收支预算。

（6）广告宣传策划：开业前后的广告计划、媒介选择。

（7）店规及制度拟定：经营绩效评估方法、奖励制度、服务制度、各种竞赛制度等。

（8）人事任用：人事任用与店员招聘及教育培训。

（9）总务事宜：报表、购物袋、指示牌、店员制服、店内音乐等事务性用品及总务性工作用品的准备。

（10）商品进场：商品进场、陈列布置。

（11）开张准备：开张方式拟订、开张赠品准备、开张广告方式的确定。

（12）正式营业。

问题08：签订租房合同需注意哪些事项

如果出租方不是房东的话，则还要找到房东，由房东、转租方和你，三方互相协商，把出租方的权利转到你头上，而出租方与房东的一切债权则将了断。这样才能避免欺诈。一切协商妥当后，经营者在签订租房合同时，还要注意以下几方面的问题：

（1）房屋面积是否确实。

（2）在合同上注明租金以外的其他一切费用由哪一方交或共同以什么比例分摊。

（3）注明租房的截止日期和款项的具体缴纳办法。

（4）要在出租方的各种物品交接清单上签字。

（5）注明押金数目。

（6）注明因天灾及不可抗拒的因素造成的损害及合同的中止等情况不需由承租方负责。

（7）核实出租方是否为真正的房屋拥有者。

问题09：便利店需要购买哪些设备

便利店的经营设备和设施要求比较简单，主要包括：

（1）饮料机：青少年较喜爱碳酸饮料，若定位于青少年为主的便利店，可以考虑配置。

（2）咖啡机：在冬天饮料销售不佳时，咖啡机所提供的热饮可以提升商店的经营业绩。

（3）微波炉：提供卫生快热服务，可以节省客户许多时间。

（4）收银机：收付现金，一般以每家店配置两台为宜，一台日常运作，另一台备用。

（5）热狗机：经营对象主要为青少年。

（6）冰柜：冰柜又称冷柜，有冷藏和冷冻两种，一般便利店都备有两个冰柜，一个是饮料柜，另一个作为冰激凌柜。冰柜大小可视店铺面积而定。

（7）空调：一般50平方米的店面需要至少两台直立式空调。

（8）货架：货架的组合有单面架、双面架、前护网、侧护网和背网等，原则上每4～4.5平方米可构建一组货架。

（9）其他设备：如书报柜、糕点柜、服务台、就餐台、电子防盗监视系统等，根据经营项目和需求配置。

问题10：如何设置便利店的出入口

由于便利店的卖场面积较小，因此，一般只设置一至两个出入口，既便于人员管理和防窃，也不会因太多的出入口而占用营业空间。出入口一般设计在店铺门面的左侧，宽度为3～6米，因为根据行人一般靠右走的习惯，入店和出店的人不会在出入口处产生堵塞。同时，出入口处的设计要保证店外行人的视线不受到任何阻碍而能够直接看到店内。

例如，“7–11”便利店出入口的设计一般在店铺门面的左侧，宽度为3～6米，根据行人一般靠右走的习惯，入店和出店的人不会在出入口处产生堵塞。同时，出入口的设计要保证店外行人的视线不受到任何阻碍而能够直接看到店内。

问题11：如何设置便利店的收银台

便利店的收银台设在出入口处，由收银台在出入口处分隔成出入口通道。结账通道（出口通道）可根据便利店规模的大小设置1～2条，然后根据营业规模的预测分别配置1～4台收银机（但收银机的网络线应留8条）。

结账通道的宽度一般设计为1～1.2米，这是两位顾客可正常通过的最佳尺寸；长度一般为6米，即扣除了收银台本身约为2米的长度之外，收银台与最近的货架之间的距离至少应该有4米以上，以保证有足够的空间让等候的顾客排队。

例如，“7–11”便利店的收银台设在出入口处，由收银台在出入口处分隔成出入口通道。收银台和最近的货架之间的距离至少应该有4米以上，以保证有足够的空间让等候的顾客排队。

问题12：如何设置便利店的堆头

收银台与货架之间的空间，以及店铺入口通道的中间一般设计为堆头位，用来作为新商品、库存商品、推广期商品、标志性商品、品牌商品等重点品类的销售促进区域。由于堆头位的特殊位置，一般堆头位的长宽不超过1米，高不超过1.2米，以免造成对顾客视线的阻隔和通道的堵塞。

堆头位处于店铺的出入口通道上，是店铺人流逗留时间最长的地方，是促销商品的最好区域，供应商也愿意支付时段性租金进行产品推广。因此，堆头费能够增加便利店的纯利润。

问题13：如何设置购物通道

便利店通道的设计应尽可能直而长，尽量减少弯道和隔断，并利用商品的陈列，使顾客不易产生疲劳厌烦感，潜意识地延长在店内的逗留时间。

通道一般由货架分隔而成，货架的高度最好选择在1.8～2米之间，能使货架最上层的商品正好持平或略高于顾客自然视线，不会产生视觉疲劳。通道宽度一般为1.4～1.8米，能让两个人及其购物篮或购物车并行或逆向通过，并能随意转身。通道不能太宽，若通道宽度超出顾客手臂或者视力所及范围，那么顾客就会只选择单侧商品。而通道太窄，则会使购物空间显得压抑，从而影响到顾客走动的舒适性，产生拥挤感。

问题14：如何布置货位

便利店的货位布局已不单纯是商品货架、柜台的组合形式，它已承担着重要的促销宣传的作用。在规划商品货位分布时，一定应注意以下问题：

（1）交易次数频繁。挑选性不强、色彩造型艳丽美观的商品，适宜设在出入口处。如化妆品、日用品等商品放在出入口，使顾客进门便能购买。某些特色商品布置在入口处，也能起到吸引顾客、扩大销售的作用。

（2）贵重商品、技术构造复杂的商品，以及交易次数少、选择性强的商品，适宜设置在卖场的深处。

（3）关联商品可邻近摆布，相互衔接，充分便利选购，促进连带销售。如将妇女用品和儿童用品邻近摆放。

（4）按照商品性能和特点来设置货位，如把互有影响的商品分开摆放，将异味商品、食品单独隔离成相对封闭的售货单元，有效减少卖场的噪音，集中顾客的注意力。

（5）将冲动性购买的商品摆放在明显部位以吸引顾客，或在收银台附近摆放些小商品或时令商品，顾客在等待结算时可随机购买。

（6）按照顾客的行走规律摆放货位。我国消费者行走习惯于逆时针方向，即进卖场后，自右方向左观看浏览，可将连带商品顺序排列，以方便顾客购买。

问题15：场地装潢装饰有何要求

便利店的装潢装饰分为两种情况，如果选择加盟连锁，则加盟供应商为了维护连锁企业的整体形象和统一标识需要，根据“千店一面”原则，总部将向加盟店面提供标准化的专业勘察和设计，并提出装潢和装饰的要求和条件，以及详细的施工图纸。

如果选择个体自主经营，为了体现创业者的自我品牌形象和服务风格，在店面装潢装饰方面，便利店的装修不必讲究奢华，只要符合自己的经营特点，且能达到给顾客留下清洁、舒适的环境即可。一般只需要使用白色天花顶或者其他暖色的天花顶即可，但是在布局装饰时比较讲究搭配，比较常见的有白色腻子顶，或者是石膏板吊顶。具体装潢装饰要求为：

（1）基调：由于便利店的营业时间比较长，加上其基本都是以销售日常食品为主（食品的销售占50%～60%），因此要求店堂的色彩要比较淡雅明快清新，地面由于灯光的反射效果，一般要求店面地板以素色、浅色为主，使用乳白色或是米黄色的地板招牌。

（2）招牌。便利店的招牌一般等同于店面的临街宽度，制作时不用考虑豪华，只需符合自己特点，能有效地契合门店的经营特点，且能符合便利店本身的特征即可。必要时为节约成本还可以考虑由企业赞助制作店前的招牌。

（3）墙面。只要平整，容易搞好卫生，不至于灰尘沉淀即可。一般采用素色地板或者水泥地面墙面。

（4）色调。为保证门店的光度，便利店一般使用白色仿瓷作为墙面的装饰色调，还可以以突出商业气氛为目的，使用广告图来装饰。使用广告图时一般要求使用反光度较高的灯箱片。

（5）照明。以白色或暖色的色彩为主，比较多的是使用白色的日光灯管，正常情况下，需要保持5～8平方米一根灯管，可使光度符合经营需要。

（6）音响。为保证顾客舒适的购物心理情绪，便利店一般都配备有小功率的音响，并且主要播放舒缓的背景音乐。

（7）其他。消防设施完备；供电系统安全可靠；电子防盗监控系统齐全；按照卫生防疫站部门的要求，安装空气消毒紫外线灯管；定期灭菌消毒，如喷洒擦拭地面、墙面、设备表面、工作台面等。

第二章

商品管理规范化

作业流程·服务细节·疑难解答

本章导读

便利店的营业面积很小，但由于商品种类众多，因此，便利店的商品管理也是便利店经营者需要经常研究的问题。便利店的商品管理需要做好商品价签、商品组合、商品陈列的基础工作，以此为顾客提供更加优质的服务，提升便利店的利润。

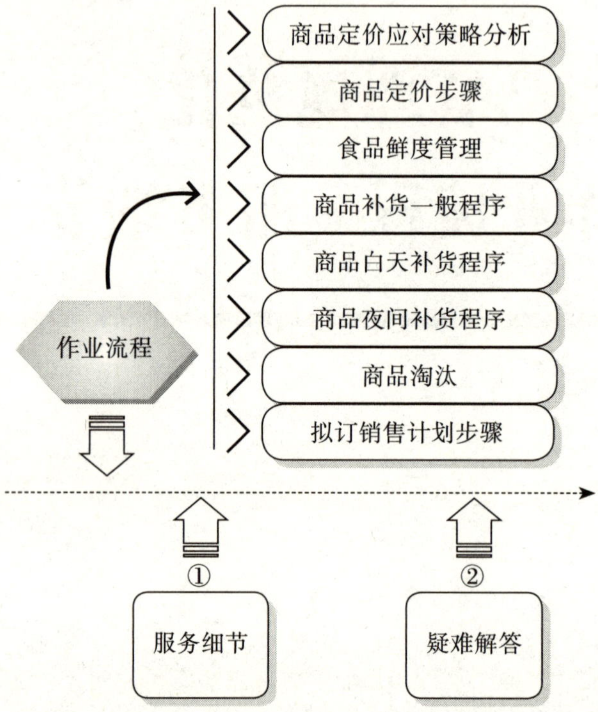

商品管理示意图

解说

①服务细节是对作业流程中需要注意的细节的具体分析指导。

②疑难解答是对作业流程中经常遇到的问题的解释分析。

第一节　作业流程

流程01：商品定价应对策略分析

便利店在进行商品定价时，需要做好应对策略分析，具体如下图所示。

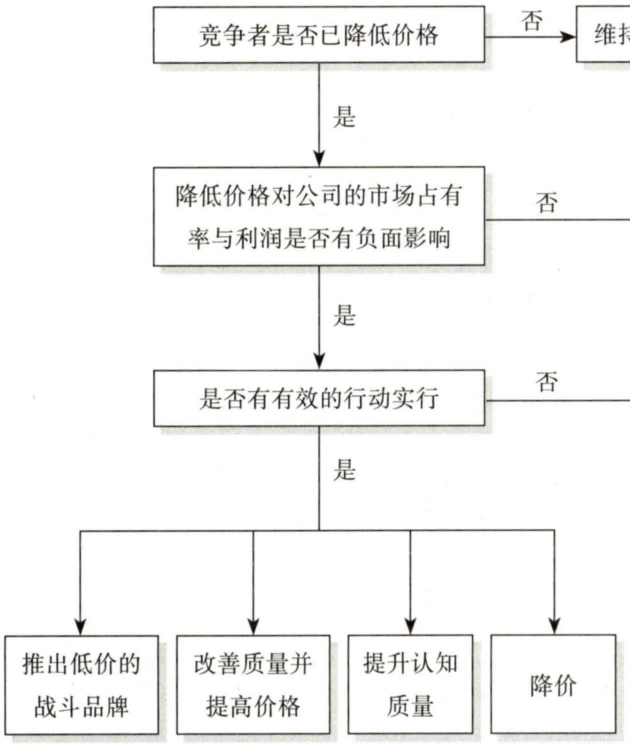

商品定价应对策略分析

流程02：商品定价步骤

便利店经营者要控制商品的价格，首先需要掌握商品的定价步骤，具体如下图所示。

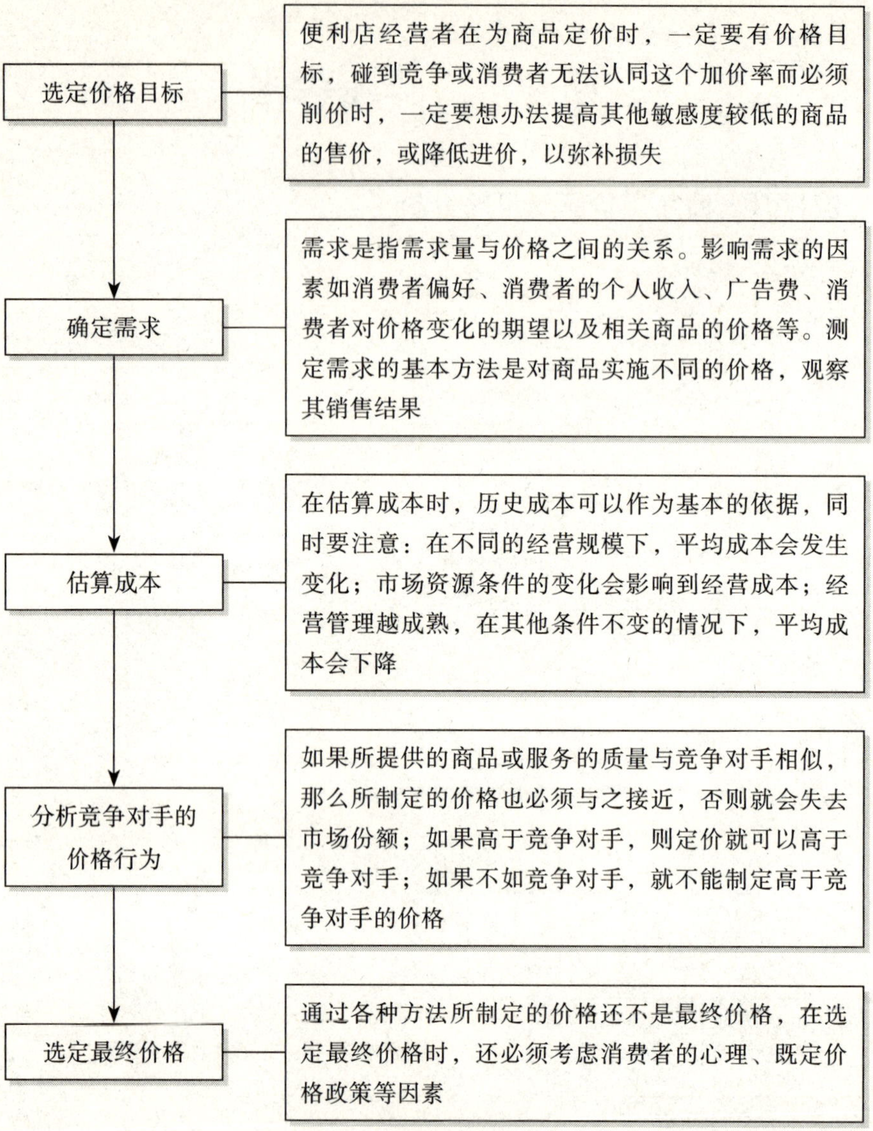

商品定价步骤

流程03：食品鲜度管理

食品鲜度管理，从采购到销售的流程进行简单说明，具体如下图所示。

1 采购阶段

采购人员应注意的鲜度管理重点：
（1）商品的采购来源，应具备安全的保障
（2）完整的包装和明确的商品标识
（3）商品规格和订购量
（4）配送方式和配送频度

2 运输阶段

物流人员应注意的鲜度管理重点：
（1）彻底做好各运送阶段冷冻、冷藏库的低温管理
（2）保管及运送中要防止二次污染
（3）仓库的管理要遵循先进先出的原则，在库量要维持适当
（4）保持适当温度以备运送

3 验收阶段

店铺工作人员应注意的鲜度管理重点：
（1）优先处理原则；验收作业要迅速准确
（2）制造日期和有效日期的确认
（3）验收后，迅速上架

4 销售阶段

店铺销售人员应注意的鲜度管理重点：
（1）陈列设备的温度控制
（2）低温商品的陈列要求
（3）保持环境清洁
（4）商品目视管理
（5）做好停电（水）时的应变处理措施
（6）店铺自用低温商品的鲜度管理
（7）非营业时间的管理

食品鲜度管理要点图

流程04：商品补货一般程序

补货是指将标好价格的商品，依照商品各自既定的陈列位置，定时不定时地将商品补充到货架上去的作业。定时补货是指在非营业高峰时的补货；不定时补货是指只要货架上的商品即将售完，就立即补货，以免由于缺货影响销售。补货作业的流程如下图所示。

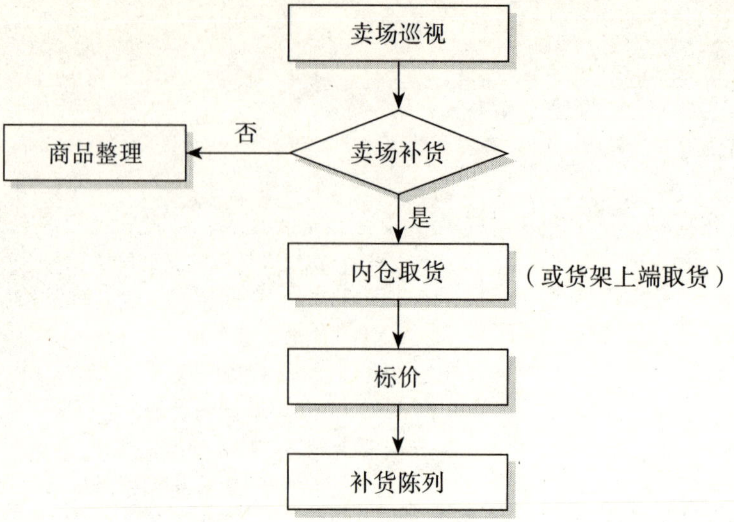

补货作业流程

流程05：商品白天补货程序

便利店商品白天的补货程序，具体如下图所示。

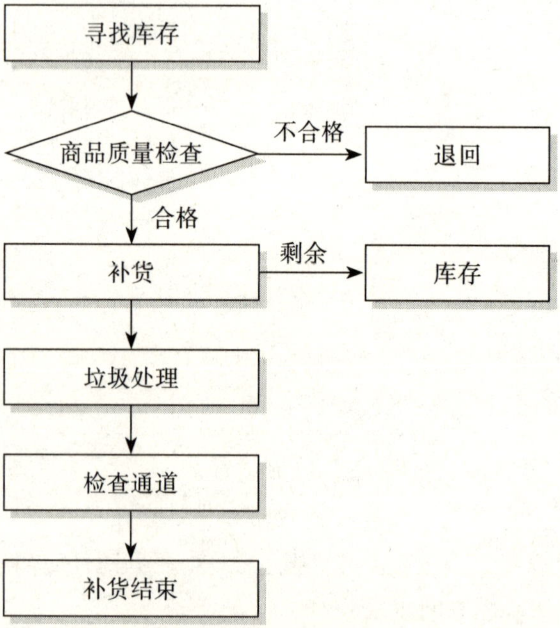

白天补货程序

流程06：商品夜间补货程序

便利店商品夜间的补货程序，具体如下图所示。

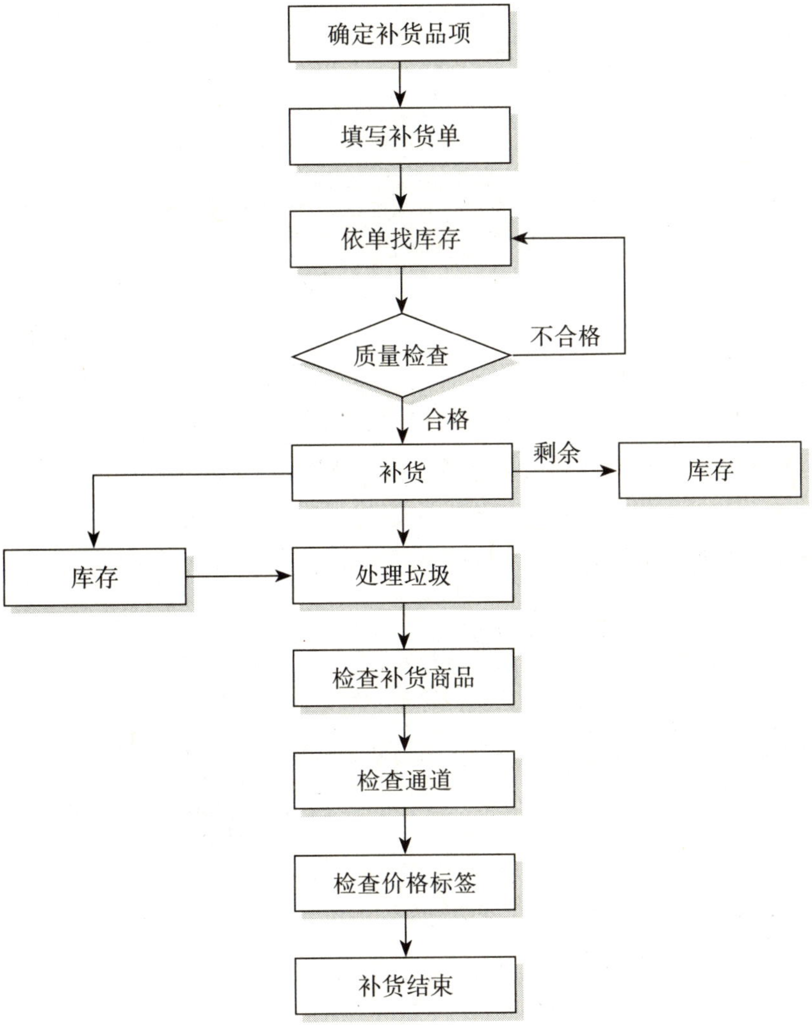

夜间补货程序

流程07：商品淘汰

便利店的商品淘汰流程如下图所示。

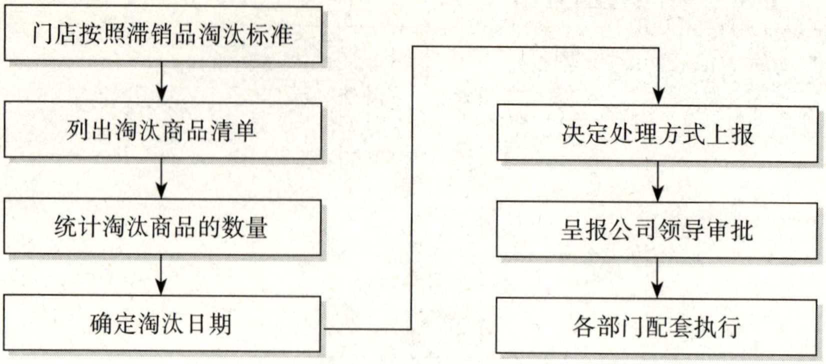

商品淘汰流程

流程08：拟订销售计划步骤

店铺的销售业绩，一般当日就可以知道能否完成。因此，每天确实实现经营目标，是便利店经营者的首要任务。便利店经营者对于日常的销售活动，要制订详细合理的销售计划，并在实践中反复验证，不断积累经验。拟订销售计划步骤如下图所示。

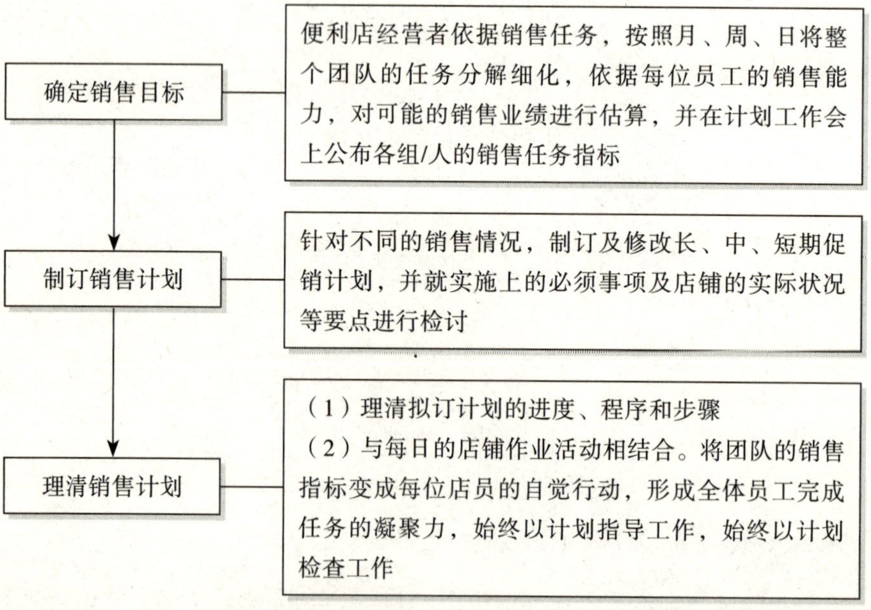

拟订销售计划步骤

第二节 服务细节

细节01：商品分类（销售关系）

根据商品之间的销售关系分类可分为独立品、互补品、条件品和替代品四种，具体如下图所示。

类别1 独立品，是指一种商品的销售状况不受其他商品销售变化的影响

类别2 互补品，是指一种商品销售的增加必然会引起另一种商品销售的增加，反之亦然

类别3 条件品，是指一种商品的购买要以另一种商品的前期购买为条件

类别4 替代品，是指一种商品销售的增加会养活另一种商品的潜在销售量，反之亦然

商品分类（销售关系）

细节02：商品分类（是否耐用和是否有形）

根据商品是否耐用和是否有形可分为耐用品、非耐用品和服务，具体如下图所示。

耐用品 是指在正常情况下能多次使用的有形物品

非耐用品 是指在正常情况下一次或几次使用就被消费掉的有形物品

服务	是指提供出售商品的过程是否达到顾客要求、顾客是否满意等。服务的特点就是无形性和变动性

商品分类（是否耐用和是否有形）

细节03：商品分类（购物习惯）

根据消费者的购物习惯（这里主要指消费品）可分为日用品、选购品、特殊品和非需品四类，具体如下图所示。

日用品	消费者通常购买频繁，希望一次有需要即可购买的，并且只花最少精力和最少时间去比较品牌、价格的消费品
选购品	消费者会仔细比较其适用性、质量、价格和式样，购买频率较低的消费品
特殊品	消费者愿意花特殊的精力去购买的有特殊性质或品牌识别的消费品
非需品	消费者要么不知道，或者知道但是通常并不想购买的消费品。绝大多数新产品都是非需品，直到消费者通过广告认识了它们为止。应千方百计吸引潜在顾客，扩大销售

商品分类（根据消费者的购物习惯）

细节04：商品分类遵循原则

商品分类中最重要、最关键的问题是确定分类原则。一般来说，无论便利店的组织或规模如何，商品通常可以分为大、中、小三个层次。先将店铺的商品确定大类属性，再依次细分，具体如下图所示。

大分类	大分类通常按商品的特性来划分，例如饮料产品是一个大分类，属于这个分类的商品都与饮料有关系，保存的方式、加工方式也基本相同，因此可以归为一类

中分类	中分类可以按照功能、用途来划分，也可按商品的制造方法或商品的产地等特性来定
小分类	小分类的分类原则是：按照中分类的分类办法，再进行细分分类依据可以是：功能用途、规格包装形状、商品口味等

商品分类遵循原则

细节05：食品类商品特点

食品类商品的细分方法很多，如可简单地划分为食用类和饮用类；也可按照保藏方式，分为低温食品、高温食品和一般性食品；或较详细地划分为农产品类、肉类及其制品，鲜乳及乳制品，水产类，罐头类，饮料类，酒类，调味品，糖果饼干类，保健食品，其他食品。

随着便利店业态的发展，食品类商品中的冷冻（藏）商品以其方便、快捷、营养、卫生的特点，成为目前便利店内的必备和主打商品。食品类商品的特点，具体如下图所示。

卫生安全、品质良好	冷冻冷藏食品一般都储藏在冷冻（藏）柜中，保存条件优良。顾客在有效的安全期限内食用，能够得到很好的卫生和品质保证
价格稳定	在现有的科学条件下，某些农产品通过较好的储藏和加工方式，使消费者能够不受时间和地域的限制，以较便宜的价格买到各种时令食品
食用方便	消费者只需要通过简单的烹调作业或直接就可食用

食品类商品特点

细节06：杂货类商品管理

便利店中，杂货商品一般包括日常消耗品、保健用品、家庭用品、文具用品、日用工具等。杂货类商品保存时期较长，多属规格商品，不需要加工就可直接上架销售，因此杂货商品的销售成本较低。消费者耗用商品速度较慢，商品周转率低，可能造成滞销品而影响销售。杂货类商品的陈列管理和鲜度管理，具体如下图所示。

陈列管理	杂货商品品种繁多，而且周转率不如食品类商品快，所以陈列方式一般按照“用途”区分，通过适当的商品配置和特殊的陈列技巧，可以为便利店带来意想不到的商机。例如，开设特别商品陈列区，妥善运用副陈列架，引进小规格的商品，专柜化经营等
鲜度管理	杂货商品为干性商品，保质期较长，所以商家常常会忽视杂货商品的鲜度管理。便利店在对杂货商品进行鲜度管理时应重点管理以下商品：逾期或接近有效期的商品；特殊包装的商品；包装损坏的商品；生产日期、有效期限、成分、产地标示不清的商品；遭灰尘污染的商品等

杂货类商品管理

细节07：便利类商品

便利类商品是指为了考虑消费者特定的需求，而特别开发设计的商品，可简单地划分为特殊性商品和服务性商品，具体如下图所示。

特殊性商品	特殊性商品有别于一般商品，是指便利店为了迎合“积极”创造消费者需求和提供便利性的特点，而延伸开发的商品。如热狗、加冰可乐等
服务性商品	服务性商品是为满足消费者日常生活需要，提供方便而开发的商品和服务。如在便利店提供话费充值、支付宝、拉卡拉、电话卡等业务

便利类商品类别

细节08：特殊性商品类别

便利店特殊性商品可以分为三类，具体如下图所示。

冷食品	为夏季特别开发的商品，它不同于一般的规格包装品，最大的差异就在于此类商品附加价值高、利润高
热食品	一直都是消费者所喜欢的，同时也是便利店发展潜力较大的商品之一
非食品	便利店一般还没有进行开发，是未来发展空间较大的商品选择

特殊性商品细分种类

细节09：服务性商品类别

服务性商品可细分为急需品和便利服务两种，具体如下图所示。

急需品	即即刻需要的服务性商品，指消费者在某一时刻发觉即刻需要时，便利店可及时提供的商品
便利服务	为消费者提供一些生活上的特定的服务，如送货服务、订购服务、缴费服务、家政服务等

服务性商品类别

细节10：商品组合分类

商品组合的中心内容是确定经营商品的种类及各类商品的花色、规格、式样、质量、等级、价格等。根据商品的宽度和深度的不同组合，卖场的商品组合有以下几种情况，也可根据自身的情况进行选择。组合方式具体如下图所示。

宽而深	市场大、商品丰富、顾客流量大、能一次购足，不过资金占用多、形象一般化、很多商品的周转率低、商品易过时

宽而浅	市场大、顾客流量大、投资宽而少、能一次购足、方便顾客，不过花色品种有限、满足顾客购物需要的能力差、形象较弱、顾客容易失望
窄而深	形象专门化、特定商品种类齐全、投资少、满足顾客购物需要的能力强、人员专业化，不过种类有限、市场有限、顾客流量有限
窄而浅	方便顾客、投资少，不过种类有限、顾客少、形象弱、顾客容易失望

商品组合分类

细节11：淘汰疲软商品

疲软商品是指销售困难，不能为便利店创造利润的商品。由于具体情况不同，疲软商品出现的方式也不同，既可能是逐步地缓慢地出现，也可能是迅速地出现。通过预测，可以判断商品是否疲软，并采取相应的对策，具体如下图所示。

逐步放弃	（1）安排一个日程表，按计划逐步减少疲软商品，使有关资源有秩序地转移 （2）逐步扩大替代的新商品的排面，使顾客的使用习惯有秩序地改变，避免让顾客产生突然被抛弃的感觉
立即放弃	（1）在预测的基础上，准备了该疲软商品的替代品 （2）疲软商品所占用的资金必须迅速转移 （3）疲软商品的市场售价过低，不能补偿本金 （4）疲软商品的继续存在会危害其他有发展前途的商品
自然淘汰	（1）连续策略。卖场保持过去的经营策略，对原有的市场定位、销售渠道、定价、促销措施维持不变，使该商品继续自然衰退，直至结束市场生命 （2）集中策略。将促销活动集中在最好的终端市场和销售渠道上，为维持其销售做最后的努力 （3）强制策略。不顾一切地大幅降低销售费用，强制性地降低成本

淘汰疲软商品的对策

细节12：商品陈列考虑因素

便利店在陈列商品时，需要考虑的因素如下图所示。

明亮度	店内的基本照明须保证一定的明亮度，使顾客在选购参观时，能看得清楚，且商品本身也可借此突显其独特之处
陈列高度	商品陈列架的高度一般以90～180厘米为宜，而顾客胸部至眼睛的高度是最佳陈列处，有人称此为“黄金空间”
商品种类	按照商品本身的形状、色彩及价格等的不同，适合消费者选购参观的陈列方式也各有不同

商品陈列考虑因素

细节13：商品展示方法

便利店商品展示方法具体如下图所示。

放置性陈列	并排：陈列架、展示桌；堆积：销售台、陈列台；投掷：花车、手推车
粘贴式陈列	张贴：墙壁、画框网子；捆绑：细绳、棍子
悬挂式陈列	壁挂、垂吊、悬挂

商品展示方法

细节14：商品陈列技术

通过视觉来打动顾客的效果是非常显著的。商品陈列的优劣决定着顾客对店铺的第一印象，使卖场从整体看上去整齐是卖场陈列的基本思想。陈列还要富于变化，不同陈列方式相互对照效果的好与坏，在一定程度上影响着商品的销售数量。商品陈列技术如下图所示。

安全性	排除非安全性商品（超过保质期的、新鲜度低劣的、有伤疤的、味道恶臭的），保证陈列的稳定性，保证商品不易掉落，应适当地使用盛装器备品。进行彻底的卫生管理，给顾客一种清洁感
易观看性、易选择性	一般情况下人的眼睛向下20°是最易观看的。人类的平均视觉是110°～120°，可视宽度范围为1.5～2米，在店铺内步行购物时的视角为60°，可视范围为1米
易取性、易放回性	顾客在购买商品的时候，一般是先将商品拿到手中从所有的角度对其进行确认，然后再决定是否购买。当然，有时顾客也会将拿到手中的商品放回去

商品陈列技术

细节15：袋装食品陈列

在便利店日常经营中，袋装食品占了很大的比重。使袋装食品陈列有效常用的方法如下图所示。

挂钩悬挂陈列	便利店大多是营业面积在100平方米左右的门店，将袋装食品挂在挂钩上，陈列整齐美观，商品展示充分，便于整理、卫生清洁、数量交接等工作；但商品陈列占用面积较大，挂钩上陈列的商品数量相对较少
货架层板陈列	将同类别且高度、体积大小相近的商品集中在同一节、同一层货架上。将货架层板上下间距调整到略小于所陈列商品的高度

袋装食品陈列方法

细节16：面包、糕点陈列

在便利店中，面包、糕点食品占一定的比重，为了让顾客选购方便，除了需冷藏的特殊食品以外，应当将所有食品都整齐地排放在开放的货架上，允许顾客对所陈列的商品进行触摸、挑选，使之产生信任感与亲切感。具体陈列如下图所示。

面包的陈列	遵循大致的分类原则，如普通咸甜面包、全麦面包、法式面包、配餐夹心花式面包、点心等；遵循先进先出原则，先生产先陈列；陈列商品必须符合质量要求，在保质期范围内面包的陈列面积要与销量相配
蛋糕的陈列	蛋糕必须放在冷藏柜中并陈列在正确的温度下，必须在保质期内销售，遵循先进先出的原则；一般选择单层或少层纵向陈列方式，蛋糕的陈列区域内应有适当的介绍，必须有蛋糕制作的说明标志

面包、糕点陈列

细节17：整理商品的要点

便利店店员在整理商品时，需注意的要点如下图所示。

归位整理	经顾客挑选后，货架上的商品容易发生错位现象，店员须按型号和类别进行分类归位
配对管理	有些成双配对的商品，如拖鞋、袜子等，店员要随时检查、清查，保持左右相符，大小型号相同，色泽一致，款式一样
折叠整理	有些挑选性强的商品，如毛巾、内衣、内裤等，往往会因顾客挑选而乱堆乱放，店员要及时进行折叠、整理，将其摆放好
挑选整理	有些熟食小吃易混合，顾客喜欢随意丢放，如熟食小吃、奶制品等，店员要勤检查，随时将腐烂变质的商品清理出去，注意分类归位

整理商品的要点

细节18：商品定价方法

便利店经营者可以将各种技巧综合运用，最终达到吸引顾客购买的目的。商品的定价方法如下图所示。

尾数定价	保留价格尾数，采用零头定价。如价格为19.9元而不是20元，使价格保留在较低一级的档次上。这种定价方式一方面给人以便宜感，另一方面又因标价精确而给人以信赖感
整数定价	整数定价一律不保留零头。这一定价技巧适用于贵重商品、礼品及能够显示消费者身份地位的显露性消费品，目标顾客是经济地位优越和社会地位较高者
声望定价	声望定价适用于在信誉较好的门店，销售确有质量保证的商品，目标消费者是社会上层购买者
习惯定价	习惯定价是按消费者的习惯和价格心理来制定价格，如油、盐这类日常消费品的价格通常容易在顾客心中形成一种习惯性的标准，符合这一标准的价格就会被顺利接受，而偏离这一标准的价格则容易引起顾客的猜疑和不信任
折扣定价	折扣定价包括现金折扣、数量折扣、季节折扣、同业折扣、推广折扣五种方法
招徕定价	招徕定价是针对消费者对不同商品的消费心理以及不同消费者的消费特点而采取的一种灵活的定价方式，所以招徕并非一定是超低价，有时超高价也能很好地引起消费者的注意
底价	运用“底价”来吸引具有类似价格偏好的某个细分市场，即在选定价格范围后，再在这个范围内设定数量有限的若干价格点

商品定价方法

细节19：商品价格调整的原因

一般便利店商品价格调整的原因，具体如下图所示。

采购商品的差错	采购上的差错表现在采购的商品发生差错或采购的商品数量过多
制定价格上的差错	由于商品售价太高，影响到预期的商品周转速度和销售数量

促销上的差错	顾客不能得到或不能及时得到有关商品的信息，店内商品陈列太不醒目或过于零星、分散，不能引起潜在顾客的强烈反响

商品价格调整的原因

细节20：商品降价时机选择

降价时机的选择是非常重要的。在很多情况下，某种商品必须降价，但是做出决定却关系重大，要考虑时机的选择、考虑如何迅速地贯彻执行。常见的商品降价时机具体如下图所示。

早降价	有较高存货周转率的店铺一般都会采用早降价策略，可以在还有一定市场需求的情况下顺利地将商品售出；与在销路好的季节后期降价相比较，实行早降价的策略中只需要较小的降价幅度就可以把商品售出；可以为新商品腾出销售空间；可以改善现金流动状况
迟降价	季节性商品在季末的时候打折出售虽然会亏本，但收回的货款可以再投资到其他商品上，再创销售机会，比把商品积压要好得多
交错降价	交错降价就是在销路好的整个季节期间将价格逐步降低。这种方式往往和“自动降价计划”结合运用。在自动降价计划中，降价的幅度和时机选择是由商品库存时间的长短所制约的
全店出清存货	全店出清存货是定期降价的一种方式，通常一年进行两三次。这种策略可避免频繁降价对商品正常销售的干扰，其目的是在实时盘存和下一季节开始之前把商品清出

商品降价时机

细节21：增加顾客人数的方法

顾客越多，销售额越高。便利店经营者要增加顾客人数，就一定要了解开发顾客的方法，具体如下图所示。

改善销售和服务水平	店员优质的销售服务是吸引顾客的最基本要求，因此，应针对店员的销售服务技能进行培训和指导
派发 DM 或做广告宣传	在店铺附近的居民区派发宣传单
品种齐全、物美价廉、信誉好	当顾客进店后，如果有充足的、完美的商品，想买的东西都能轻易找到，而且价格又合理，那么他肯定还会再次光临
购物环境良好	随着人们生活水平的提高，购物不单是为了满足物质上的需要，购物的过程也被当作是一种享受，因此，良好的购物环境能吸引更多的顾客
良好的售后服务	顾客在购买商品特别是贵重物品时，售后服务是一项必不可少的参考标准，而能否提供良好的售后服务决定了顾客对于商品品牌的认同度

增加顾客人数的方法

细节22：明确促销目的

任何一个促销活动，都应有其目的，有时目的较单一，有时可能多重目的一起出击。认清目的，才能收到较好的效果。常见的促销目的如下图所示。

增加来客数	促销的最大目的在于吸引顾客，应让消费者在知道促销的消息后，能够主动走上门来。顾客一旦上门，总有一定比例的消费者会掏出口袋里的钱，满足购买欲望，因此，商家在营业额提升的同时，名气也打响了
提高客单价	如果来客数受各种客观条件限制，在短时间内无法因促销而即时增加，那么促销的方向应为提高客单价。虽然每天来的顾客人数增加有限，但如通过促销提高了每人的平均购物金额，则也能提升业绩
消化库存	对于因故未能销售完的商品，也可通过促销如降价的方式，尽快出清存货。这一类必须消化库存的商品，可能是未被接受的新产品、需换季寻求回笼资金的商品或快过期的产品等

新产品的推出	在新产品推出时，常常会有许多制造商参与促销，以期其商品快速占领市场，此时便利店不妨考虑共同配合促销，把促销成本降到最低
节庆及周年庆	配合节庆，应推出适时的商品促销，如此可使短期内的业绩得到提升。而在周年庆时，则应强调回馈，一般进行全面打折、特价或是送赠品。节庆及周年庆的促销，同时也兼具增加来客数量的目的
面对竞争	促销有时是迫不得已的，由于一家新的竞争对手的出现，抢走许多顾客，促销也就势在必行，但对于一些小商品市场则又另当别论
形象的建立	狭义的促销仅限于吸引顾客、提高业绩，而广义的促销，还包含有公关及提高商店知名度、形象的目的。如开业时大赠送，就是属于公关的手段；举办或参与各种公益活动，则有助于形象的建立，拥有了良好形象，自然能稳住客源，维持一定的业绩水准

明确促销目的

细节23：包子售卖标准

便利店包子售卖标准如下图所示。

标准1	在蒸包机温度达到70度以上，蒸熟时间：包点要20分钟；糯米鸡、粽子要30分钟
标准2	在符合蒸煮时间的前提下，食品出售时用包夹轻轻去夹有松软的感觉
标准3	在不能保证食品是否足够熟的情况下绝不能将其售卖给顾客，应立即将食品放入微波炉中档加热1分钟方可售卖
标准4	销售要遵循“先进先出”的原则，蒸包机停止加热工作时，机内不能存放任何食品

包子售卖标准

细节24：热狗肠售卖品质标准

便利店热狗肠售卖品质标准如下图所示。

- **标准1** 最佳的售卖状态：热狗肠色泽光亮，呈鲜红润色，肠体有明显的烤热感和烤熟的肉香味
- **标准2** 在烘烤时间不足时：热狗肠表面的色泽呈暗色，颜色不够红润，无烤热感与烤熟的肉香味
- **标准3** 如未能确定热狗肠完全熟，但顾客急需，则必须用微波炉中档加热30秒钟

热狗肠售卖品质标准

第三节　疑难解答

问题01：什么是商品分类

商品是概括一定范围内的集合总体，任何集合总体都可按照一定的标志和特征归纳成若干范围较小的单元，直到划分为最小的单元。

商品的分类，是指按照一定目的，为满足某种需要选择适当的分类标志和特征，将商品集合总体科学地、系统地逐次划分为不同的大类、中类、小类、品类或品目、品种，以至规格、品级等细目的过程。

相对来说，便利店营业面积较小，商品种类较少，但也有2000～3000种商品。如何在有限的营业空间里通过商品向顾客传递最具有“销售力量”的信息，是便利商店经营者必须考虑的问题。

从经营者的立场出发，商品分类要达到“易于管理”，“易于统计、分析、决策”的效果；站在顾客立场，要为顾客提供“选择购买方便”，“消费或使用方便”的效果。

问题02：如何做好商品的季节性管理和选择

便利店中有的商品季节性较强，应充分予以重视，实现品类管理，做到未雨绸缪：

（1）巧克力。每年9月份开始做旺季经营计划，10月份全面上架，次年1月份做节日性经营计划（圣诞、年货、情人节），按门店类型实行专架陈列（正对门的端头架为佳）。次年3月份起开始压缩品种，4月份全面收退。夏季保持部分畅销品种选择性经营，环境条件不好的门店，在冰柜内陈列销售。

（2）包点。冬季相对畅销，水饺汤圆类要特别注意几个节假日的备货，如中秋、国庆、元旦、春节、元宵等。夏天适当减量，腾出冰柜陈列雪糕冷饮类。

（3）酒类（不含啤酒）。每年9月份做旺季经营计划，10月份整体上市。次年2月份即春节期间达到顶峰，3月份制订淡季经营计划，4月份开始整体收退。

（4）啤酒。4月份至10月份是销售旺季，保证品种齐全、库存充足。

（5）饮料。3月份起开始增加品种，逐步加大库存量，11月份起从品种和单品库存上都需淘汰和控制。

（6）雪糕等冷饮。3月份开始需整体引进，11月份需压缩品种、降低库存。

（7）热饮。奶茶咖啡冲调等，进入冬季需重视，带动消费氛围，拉升淡季人气。

（8）个人护理用品。9月份起，润唇膏、护肤品应该全面引入，秋燥带来的第一波销售十分重要。按品类专架陈列、销售气氛布置、商品档次体现对销售影响巨大。2月份起开始控制，4月份将剩余产品适当封箱保存。

（9）洗护用品。10月份至3月份重点增加滋润类品种，4月份至9月份重点引进清爽类品种。

（10）防虫杀虫。蚊香、杀虫剂、灭蚊水、电蚊器等4月份至11月份是销售旺季，入夏、入秋季节需充分把握销售机会。

（11）防暑降温类用品。痱子粉、花露水、防晒露等在夏季来临前要准备充分。

（12）鞋袜类：棉袜、丝袜、拖鞋等品类，季节性转换导致商品特点完全不同。

（13）文具类：8月份、2月份的开学前备货十分重要。

问题03：便利店在编制分类系统时，应注意哪些事项

便利店在编制分类系统时应注意以下几点：

（1）以实际情况为前提。

（2）从顾客的角度出发，让顾客感到商品齐备和丰富，增加顾客购买的方便性。

（3）分类方法简单明了，容易进行商品管理。

（4）分类充分体现店铺的个性特点。

（5）分类具备相当的弹性和发展空间等。

问题04：冷冻、冷藏食品的鲜度管理需注意哪些事项

由于冷冻（藏）食品的特殊性，冷冻、冷藏食品的鲜度管理是便利店管理中一个必须考虑而且非常重要的问题。做好冷冻、冷藏食品的鲜度管理，应先了解影响低温商品鲜度的因素，具体应注意以下事项：

（1）加工前保证食品原料的鲜度。

（2）保证制造场所的卫生条件。

（3）包装所用的材料和包装方法。

（4）制造日期和有效日期。

（5）完善的低温运送系统。

（6）储存和展示陈列的设备要求。

（7）卖场服务人员的商品处理是否正确。

问题05：商品陈列有哪些基本要求

便利店商品陈列的基本要求包括以下几点：

（1）尽量保证商品的大类摆放保持不变，这样比较方便顾客购物。

（2）特价商品堆头展示应醒目，避免堆头过大、过杂，影响堆头效果，降低门店的单位销售额。

（3）走道的宽度可设置为80～90厘米，这样可以给人宽松的感觉。同时，要求便利店根据销售高峰期合理安排商品的陈列，将不易挑选的商品和畅销商品分开，以避免高峰期顾客堵塞走道，给其他顾客的购物带来不便。

（4）货架的高度要考虑到多数顾客的需要，中心货架尽量做到最高不超过165厘米，最好不超过6层。同时，还要注意充分利用端头的货架，因为顾客在这些地方的驻足时间最长，所以，可摆设一些高毛利的畅销商品。

（5）每一类商品都有其不同的特征，为了表现商品的最佳特征，应该将同类商品按不同方式集中组合起来，构成较完美的几何图案，如此也保证了顾客能够更便捷地进行购物。

问题06：商品陈列需注意哪些事项

便利店在陈列商品时，需要注意以下事项：

（1）有效地运用隔板，以固定商品的位置，防止商品缺货而不察，维持货架的整齐度。

（2）面朝外的立体陈列，可使顾客容易看到商品。

（3）标价牌的张贴位置应该一致，并且要防止其脱落。若有特价活动，应以POP或特殊标价牌标示。

（4）商品的陈列应由小到大，由左而右，由浅而深，由上而下。

（5）货架应分段。

（6）集中焦点的陈列利用照明、色彩和装饰来制造气氛，集中顾客的视线。

（7）季节性商品的陈列。

问题07：如何使商品陈列规格化

便利店商品标签正面朝前，可使顾客一目了然，方便拿取，这也是一种最基本的陈列方式。安全及稳定性的陈列可使开架式的卖场没有商品自动脱落的危险，尤其是最上层商品。最上层的陈列高度必须统一。

商品的纵向陈列，也就是所谓的垂直陈列，眼睛上下移动比左右移动更加自在及方便，也可避免顾客漏看陈列的商品。利用隔板可使商品容易整理，且便于顾客选购。尤其是小东西，更应用隔板帮助陈列。

问题08：商品陈列展示要注意哪些事项

便利店商品的陈列展示，需要注意以下事项：

（1）在便利店的入口处，应稍加标示（如制作简易的平面图），以使顾客对店内商品配置略有概念。

（2）在最靠近入口处所配置陈列的，必须是周转率极高的商品，对自助消费者而言，能尽快开始购买商品是很重要的。

（3）在距离入口处次远的地方所配置陈列的，应该是能够吸引顾客视线，而且单位数量不是很大的商品。

（4）日常性消费品必须陈列在彼此邻近的区域。

（5）相关的商品必须配置陈列在彼此邻近的区域。

（6）畅销的商品必须平均配置在所有的走道上。

（7）设计行走线路时必须使每一条走道都能有一些吸引顾客的商品。

（8）必须使顾客能够轻易辨别方向。

（9）属冲动性购买的商品，必须配置在主要走道上或是靠近主要走道的地方。

问题09：门店常见商品如何陈列

对于便利店最常见的一些商品，其陈列是有一定讲究的，具体如下表所示。

门店常见商品陈列

序号	商品类别	陈列说明
1	冻品	一般冻品分为饺子、云吞、汤圆、包点、肉丸类，在冻品陈列时一定要注意季节性，元宵节、冬至须将汤圆陈列两端。为方便顾客，可将购物袋放在旁边
2	调味品	调味品包括调味汁（酱油、生抽、醋、蚝油等）、调味酱、调味粉、酱菜及腐乳等 （1）调味汁1.5～2.5L的家庭装生抽须陈列在底层，500mL的陈列在中层，200～350mL的陈列在顶层 （2）调味酱、酱菜、腐乳的陈列一般有两种模式：一是单层陈列方式；二是双层陈列，此类陈列最好按酱料用途、味道陈列

（续表）

序号	商品类别	陈列说明
3	罐头	罐头分为鱼罐头、肉罐头、水果罐头等，一般将水果罐头（由于个体较大）陈列于底层与下层，鱼与肉类罐头分类陈列
4	早餐冲调	（1）早餐冲调分为蜂蜜、果酱、八宝粥、龟苓膏、面包、蛋糕、糕点等，早餐冲调陈列位置应接近水奶等关联性商品 （2）早餐冲调商品陈列时应注意将龟苓膏、八宝粥陈列在一组或相临近，蜂蜜、果酱一组，面包一组，面积小的便利店可考虑八宝粥0.5组，龟苓膏0.5组，果酱、蜂蜜0.5组（一般陈列于上层），面包陈列在下层（面包易乱，且经常空架）
5	咖啡冲调类	（1）咖啡冲调类商品包括麦片、咖啡及咖啡伴侣及冲饮品，应将麦片集中几组出来陈列，咖啡冲饮集中一起陈列 （2）麦片按品牌纵向陈列，咖啡与冲饮陈列时，一般是咖啡与咖啡伴侣陈列在一起，纸盒装咖啡一般陈列在上层，瓶装、罐装商品陈列在中下层及底层
6	茶叶	（1）茶叶应临近于咖啡冲调类陈列 （2）茶叶按用途分为绿茶、药茶及凉茶，按包装有袋装、盒装和罐装三种。陈列时应将绿茶与药茶、凉茶分组陈列，从左到右应为绿茶2～3组，药茶、凉茶1～1.5组。夏天应扩大凉茶陈列面（夏桑菊、板蓝根），春节应适当加大礼盒装茶叶陈列
7	保健食品	保健品属高档高价值商品，一般来说销量低，其应陈列在收银台后的专柜内。保健品陈列可按品牌陈列
8	牛奶	（1）牛奶陈列一般靠近冰柜（主通道内），一般应给予3～4组以上的陈列位 （2）陈列牛奶时应注意将牛奶、乳酸果奶、豆奶区分开，一般纸盒奶按品牌、大小垂直集中陈列在一起，瓶装乳酸奶、果奶、豆奶陈列在右侧1～2组
9	奶粉	（1）奶粉属高值、易盗商品，应将其袋装陈列在易于看守的主通道上。奶粉按用途分为成人与婴幼儿两种，按包装分袋装、罐装两种 （2）陈列奶粉首先确定袋装、罐装所处位置，一般将罐装陈列在左边，袋装陈列在右边，按用途（成人、婴儿），按品牌分类陈列即可

（续表）

序号	商品类别	陈列说明
10	婴幼儿食品	婴幼儿食品指盒装米粉系列，一般与奶粉陈列在一起，陈列时将其陈列在袋装奶粉旁边，也就是最右侧
11	宠物产品	宠物产品包括宠物食品、玩具、工具、装饰品，此商品一般要求独立的专架陈列，如没有专架也应与食品分开，找一处相对独立的位置，将其集中陈列。按用途分，有猫粮、狗粮两大类，要注意其品牌、口味
12	小食	小食分为香脆小食（薯片）、果仁、凉果、鱼干、肉干、果冻六大类，具体方法各不相同，方法如下： （1）一般在货架端头陈列筒装薯片，右边陈列包装薯片，按品牌、大小、口味、制作原料垂直分类陈列 （2）果仁类小食，如瓜籽、花生、果仁，一般按1：1：1比例平分货架，按用途、大小与品牌，垂直分类陈列 （3）凉果一般按用途、品牌纵向陈列，小盒易整理商品，一般放置于顶层 （4）鱼干、肉干一般用挂钩陈列，按用途鱼干0.5组，肉干0.5组，按品牌、大小垂直悬挂陈列 （5）果冻按品牌陈列，一般将知名品牌放在左边0.5～1组，其他品牌放置右边陈列
13	饮料	（1）饮料分为碳酸饮料、功能饮料、果汁饮料、茶类饮料与水 （2）陈列饮料一般按碳酸饮料、果汁、功能饮料、茶类饮料、水的顺序从左到右依次排列。纸盒饮料应靠在最右边 （3）陈列饮料时必须将各类分组陈列，不同规格按大小、口味纵向陈列
14	饼干、月饼	（1）饼干属典型的品牌陈列商品，按外包装一般分为盒装与袋装两类。陈列包装饼干时须按品牌分组陈列，一般嘉顿、徐福记、康师傅品牌商品占位应在前面，同时注意口味分类，一般将威化饼干陈列在中上层黄金线 （2）饼干陈列时应注意曲奇、蛋卷等不同口味种类，在春节期间应将曲奇（如蓝罐）等陈列在第一组，其他品种按品牌、口味作纵向陈列 （3）月饼属于季节性商品，一般陈列在堆头区，冰皮陈列在冷藏立柜中上层

（续表）

序号	商品类别	陈列说明
15	糖果	糖果是典型的品牌陈列商品，一般将品牌商品陈列于左侧，且充分扩大其陈列位，糖果陈列是应尽量让盒装糖果放置顶层
16	朱古力	（1）朱古力属高档休闲食品，遇热高温易溶化，陈列位置应避免高温地方，且应陈列在易于门店看守的地方 （2）朱古力由于体小，不易看见，陈列时一般将其层板倾斜陈列 （3）袋装陈列在中下层，块装朱古力陈列在黄金线，可将礼盒朱古力陈列在顶层
17	烟	（1）一般陈列在收银台烟柜，以香烟的中文商标面向顾客，尽量按品牌、产地、口味分开陈列，畅销特价品应重点陈列 （2）根据季节合理给予陈列位置的优劣、大小，一般春节期间重点推荐特价品牌香烟，淡季则宜宣传本地与价廉品牌
18	洋酒、国产贵重名酒	此类商品属门店最高档商品，陈列位置应避免高温，且应陈列在易于门店看守的地方。一般陈列在收银台后面烟酒柜内。两者分开组陈列，洋酒陈列时须注意美感与装饰，国产名优贵重白酒一般按销量、产地、口味分类纵向陈列即可
19	国产白酒	（1）中式酒按包装分为精装、筒装，按用途分为白酒、黄酒（含药酒）、料酒、红酒 （2）陈列时一般从左至右依次为盒装白酒（盒装）、筒装白酒、黄酒、料酒、红酒 （3）陈列时按产地、品牌规格大小作纵向陈列
20	啤酒	啤酒一般陈列在冰柜内，与红酒或饮料陈列在一起。啤酒一般陈列五层左右，按品牌、规格大小陈列。其陈列模式是：355mL罐装、330mL～500mL小瓶、640mL瓶装
21	个人护理用品	（1）个人护理用品包括洗发水、美发品、沐浴露、香皂、牙膏、牙刷等 （2）美发品、沐浴露、牙膏采取按品牌陈列，同时注意规格大小、垂直陈列，儿童牙膏一般陈列于中下层，牙刷采用挂钩黄金线，下层陈列优惠组合装，顶层陈列染发品 （3）一般将洗发水陈列在收银台附近、易于门店看守的地方

（续表）

序号	商品类别	陈列说明
22	化妆品	化妆品分为洁面与护肤两大类。陈列时须将两者分组陈列，陈列须按品牌、规格、用途纵向陈列（一般家庭装陈列于底层、下层，面霜陈列于上层）
23	家居清洁护理用品	包含芳香剂、杀虫剂、碧丽珠、抽湿等用品，列护理用品时，一般将芳香剂以及杀虫剂等罐装商品陈列于底下两层，将盒装蚊香放在顶层；一般电蚊香器与电蚊片、电蚊液上下垂直关联陈列，碧丽珠一般陈列在最后侧面
24	发饰梳妆品	发饰属价高、小件易盗商品，应用挂钩陈列在易于门店看守的壁网上。镜子陈列在内衣裤架底层即可
25	婴儿护理用品	陈列时须按用途分类，上层陈列奶瓶奶嘴、中层陈列婴儿面霜、下层婴儿沐浴露
26	婴儿用品	主要指纸尿片，纸尿片一般陈列五层，一定须按品牌、大小纵向陈列
27	卫生巾	卫生巾陈列时须注意颜色、品牌、规格、大小，分组纵向陈列
28	生活用纸	包含盒装面巾纸、小包面巾纸、中包面巾纸、湿纸巾、条装十粒装及以上规格纸巾。陈列纸巾时一般盒装陈列在底层，中小包特价面巾纸陈列在中层，上层陈列湿纸巾与小包纸巾，注意品牌垂直
29	毛巾	毛巾一般含浴巾、方巾、毛巾以及单条枕巾，一般靠近日化用品
30	内衣裤、袜	内衣裤、袜采用挂钩陈列，盒装内裤应陈列在中上层黄金线。注意按男女分开、按季节分开
31	拖鞋类	包含木拖、棉拖、塑料拖鞋，应用挂钩陈列，因季节变化给予陈列位置、大小的变化，冬季则棉拖放在上层，夏季则陈列塑料拖鞋
32	雨具	包含雨衣、伞，陈列时应将长伞挂在顶层、折叠伞放在中层、雨衣放在下层，雨天要将其放在门口当眼处摆设
33	玩具	玩具陈列时应注意规格大小，易凌乱、难整理的玩具避免陈列在黄金线，可陈列于底下两层，按大小、品牌、用途纵向陈列即可

（续表）

序号	商品类别	陈列说明
34	文具、办公用品	文具、办公用品种类繁杂、凌乱，一般尽量将其用挂钩陈列好，其他商品按用途归类作层板倾斜陈列
35	厨房派对商品	包含纸碟、纸杯、塑料杯、一次性竹签、筷、烧烤系列、保鲜纸、垃圾袋。陈列时盒装商品（如保鲜纸）陈列在顶层及中上层，其他商品陈列在下层。按用途、包装大小、品牌纵向陈列
36	家居小用品	主要包括垫子、牙签盒、棉签、衣架、水果架。陈列时采用挂钩陈列，按用途分组陈列，下层陈列金属架、中层陈列垫子、上层陈列牙签盒
37	家居清洁用品	主要包括扫把、棉拖、洗涤剂、洗洁精、去污粉等，陈列采用挂钩陈列方式，一般底层摆放无杆棉拖，中间间隙可悬挂小件清洁用具
38	面	面制品指煮食面、即食面。煮食面按品牌陈列，大包陈列在底层，细长小包煮面陈列在中上层（如阳春面等）。即食面又称方便面，按包装分为袋装与碗装两种，陈列时按包装不同分组陈列，按品牌一组组纵向陈列
39	食用油	油一般分为调和油、花生油、色拉油、菜籽油、粟米油几大类。陈列时按品牌、用途、规格大小纵向与酱料陈列在一起
40	计生用品	一般陈列在收银台前架上，国产品牌陈列在底层，进口品牌陈列在中层，小盒陈列在上层。所有收银台架都应作倾斜陈列

问题10：收银柜前的商品如何陈列

收银柜前的货品要平放，并以正面展示，以增加顾客的购买欲。柜面货品是最畅销的，因此必须保持存货充足，以满足顾客需要。柜面由于接近大门，因此须每天清洁一次，以保持货架及货品清洁。

问题11：如何陈列报纸杂志

便利店的报纸杂志应尽可能摆放在近门口位置；报纸架每层贴上有报纸名

称的价钱标贴；杂志架货品必须分类及垂直陈列；若因位置限制，杂志可垂直陈列，但覆盖面不可超过杂志的一半。另外，杂志架上的书本亦需以正面面向顾客陈列。由于靠近门口，因此必须定期清洁，以保持货架及货品清洁。

问题12：如何考虑顾客心理因素进行商品定价

便利店要以塑造合理、明确的价格形象要求店铺。

（1）限制商品组合的规划与品种的选择，定期对同一类商品制定出高低价格带，凡超出该上限价格的商品就放弃引进，坚决不陈列。比如，杂志类的上限设定在多少元，内衣类的上限设定在多少元，蜜饯类、糖果类、饼干类、饮料类等的上限又是多少元。因为，除了少数地处高收入的商圈的便利店之外，一般的便利店的商品单价都不高，陈列一些单价太高的商品，只会误导消费者，给消费者“贵”的感觉，还会使一般低价位商品的价格也得不到信任感。

（2）顾客的心理有较偏爱的数字，例如：

——有曲线的数字，如2、3、4、5、6、8等，即定价16元或18元就比17元好。

——尾数比整数更令人有便宜的感觉，如28元、38元、48元就比30元、40元、50元更让顾客觉得价格比较实在。

——同数字较易记忆，如22元就比21元或23元易记，也较具好感，33元也比32元或34元为佳。

问题13：怎样善用相对价格进行商品定价

廉价店铺把价格当利器，便利店经营者要想让自己的商品价格从众多竞争者中脱颖而出就必须懂得重视顾客心中的价值。便利店经营者在任何时候都不应该把销售额的下降归咎于竞争对手的增加，这无疑是很荒谬的事。因为销售额的下降，不一定是相互竞争所造成的，而可能是顾客用心中那把比较商店价值的尺所测量后的结果而已。

如果能提升质的水准，超越竞争对手，就绝不会发生销售额下滑的事。比如，在针对顾客进行心理定价时就非常重视相对价

格法则，因为灵活的相对价格要比绝对价格更为重要。相对价格是指和其他同类商品相比的价格水平，而不是商品本身的价格。

问题14：商品降价时需注意哪些事项

便利店的商品降价时，需要注意以下事项：

（1）确定商品的降价幅度时，应以商品的需求弹性为依据。需求弹性大的商品，只要有较小的降价幅度就可以使商品销量大增；需求弹性小的商品，则需要较大的调价幅度才会扩大销售量。

（2）由于需求弹性小的商品降价可能会引起销售收入和销售利润的减少，所以掌握调价幅度时要慎重。

（3）实施降价控制时，必须对降价做出估计并修改最近各期的进货计划，以反映每次实行降价的理由。实施降价控制使管理人员能对各项政策的执行情况进行检查，如检查商品的储备方式、检查最近的新商品验收情况等。

问题15：如何管理维护门店商品标价签

便利店在管理维护商品标价签时，需要注意以下要点：

（1）新品进入门店时必须要标价签和新商品同出。否则一律不准上架陈列销售。

（2）所有改价的商品，必须同时把改价单和标价签一起交给店长验收并由店长签名。

（3）残旧的标价签或条码必须以旧换新，改价标签或条码必须以新毁旧。

（4）卖缺、卖断的商品标签由店员自行管理，来货时要求店员将货、签对应。如出现货、签不对，造成的销售差价由相应的店员承担。

问题16：商品理货后，有何要求

当商品理货后，需要达到以下要求：

（1）商品的价格标签是正确的、干净的。

（2）商品陈列的位置是符合陈列图的。

（3）商品陈列是整齐的。

（4）商品陈列是符合先进先出的。

（5）商品的标签、包装、保质日期是经检查合格的。

（6）商品的零星散货已经归回正确的位置。

（7）商品的缺货标签正确放置。

（8）商品的破损包装被修复。

（9）商品陈列是符合安全原则的等。

问题17：制作茶叶蛋有哪些规范及注意事项

便利店在制作茶叶蛋时，需要注意以下事项：

（1）把鸡蛋洗干净后和事先准备好的茶叶（调料）用白洁布封装好放入电饭煲，然后倒入清水，水一般以没过鸡蛋为准，适量地放入酱油和盐。

（2）煮熟之后，用勺子轻轻将蛋敲裂放入清洗好的电饭煲中，再次烧煮5分钟，过后调到保温状态，如此即可销售。

（3）茶叶蛋有效售卖时间和使用过的汤料的保质时间为2天，茶叶蛋在0～5℃的冷藏柜中的保存期限为4天。

（4）每天按规定时间清洗锅具一次，24小时营业门店凌晨3时清洗锅具，锅中陈列品取出冷藏待用。

第三章

收银管理规范化

作业流程·服务细节·疑难解答

本章导读

便利店收银员的工作不仅关系到门店营业收入的准确性，还是整个便利店的一项综合性管理工作。收银员在其收银作业的过程中，除了结算货款外，还要向顾客提供各种商品和服务信息，解答顾客的提问等。

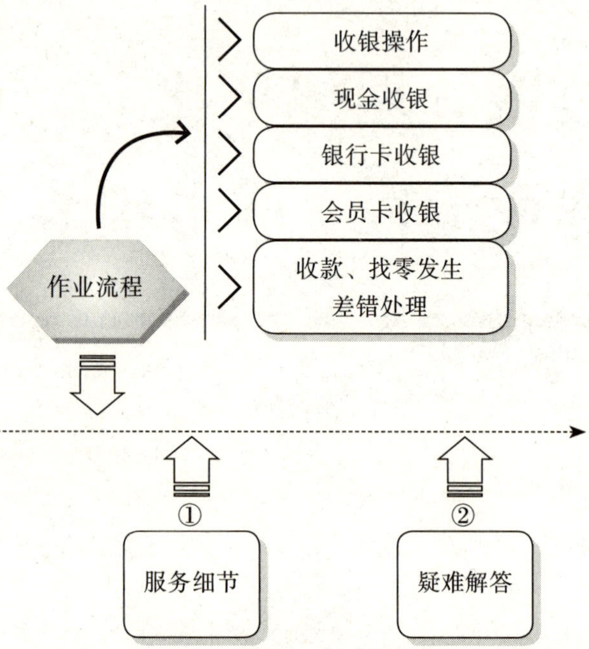

收银管理示意图

解说

①服务细节是对作业流程中需要注意的细节的具体分析指导。

②疑难解答是对作业流程中经常遇到的问题的解释分析。

第一节　作业流程

流程01：收银操作

便利店收银的基本操作步骤如下图所示。

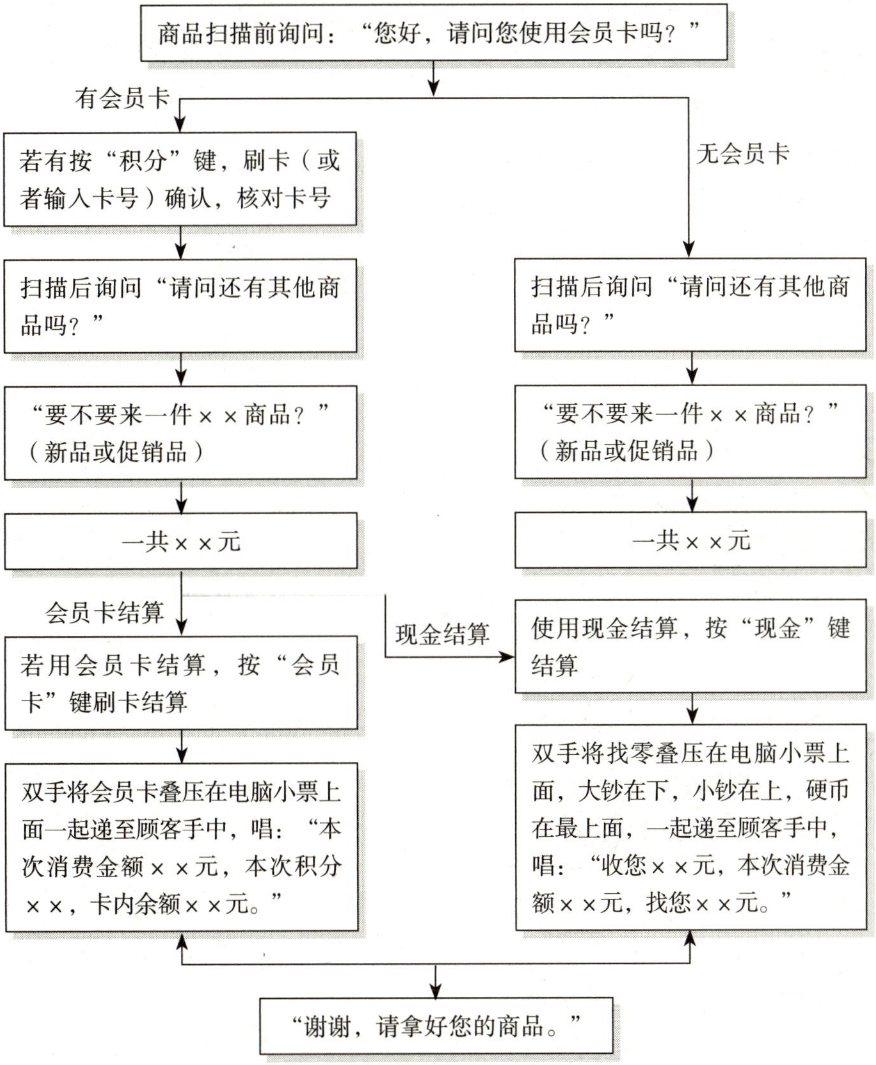

收银操作

流程02：现金收银

现金收银方式的操作流程主要包括收款、验钞、打单和找零四个环节，具体如下图所示。

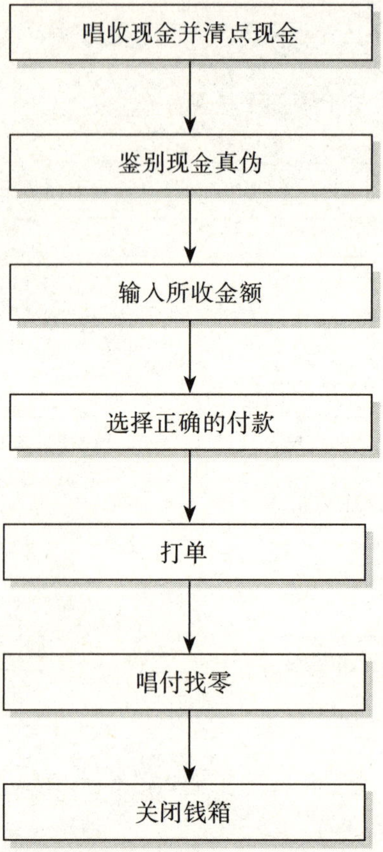

现金收银操作流程

流程03：银行卡收银

银行卡是商业银行向社会公开发行，具有消费信用、转账结算、取现金等全部或部分功能，作为结算支付工具的各类卡的统称。银行卡收银的操作步骤如下图所示。

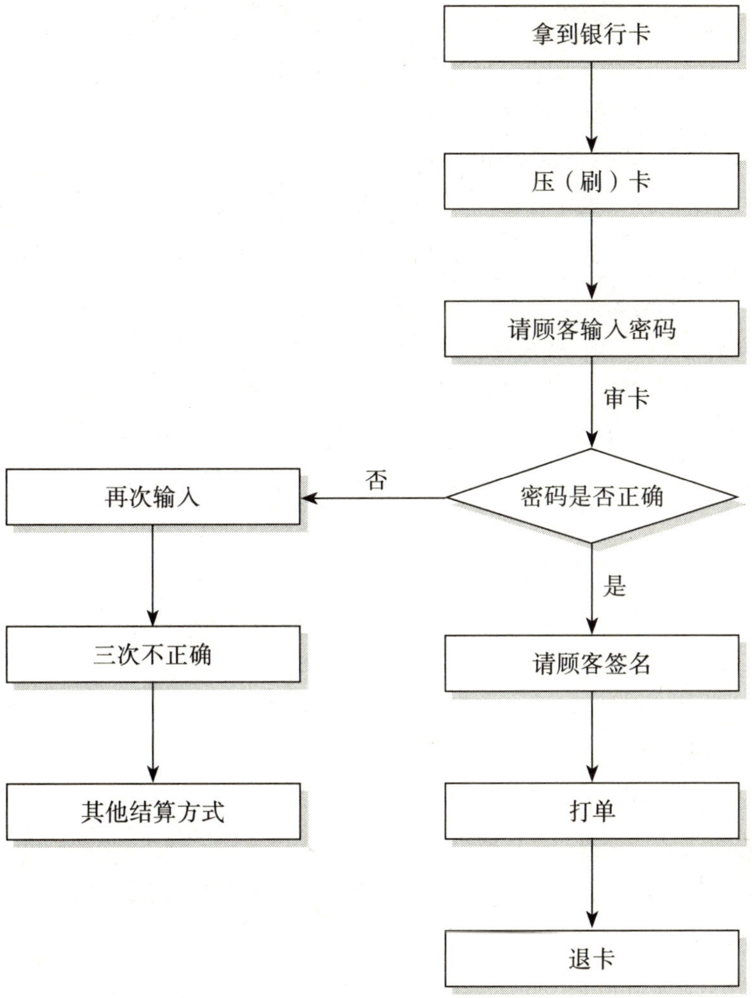

银行卡收银操作流程

流程04：会员卡收银

随着市场竞争的加剧，许多便利店都推出了会员卡制度，以建立稳定的顾客群体，这为顾客提供了一定的优惠或折扣，也保证了便利店的销售额。

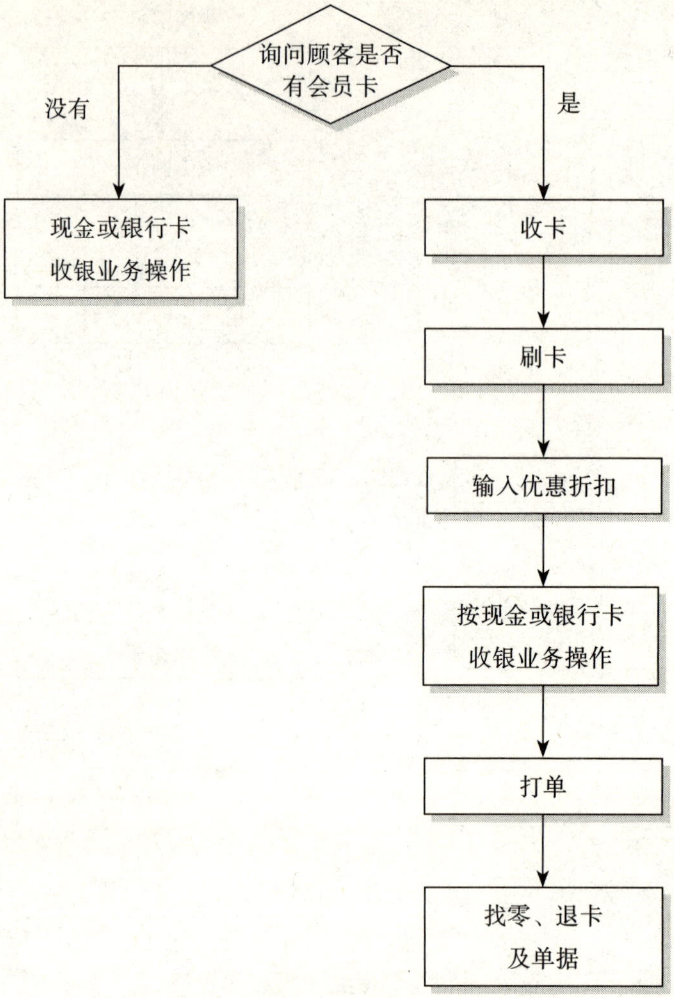

会员卡收银操作流程

流程05：收款、找零发生差错处理

收银找零发生差错的原因可能是：第一，收银员在工作时精力不集中、情绪不稳定，没有坚持唱收唱付；第二，顾客计算错误。如果差错发生了，不管什么原因，收银员必须首先自检，即使是顾客的错，也要得理让人，切忌同顾客发生争吵。收款、找零发生差错时，其处理流程如下图所示。

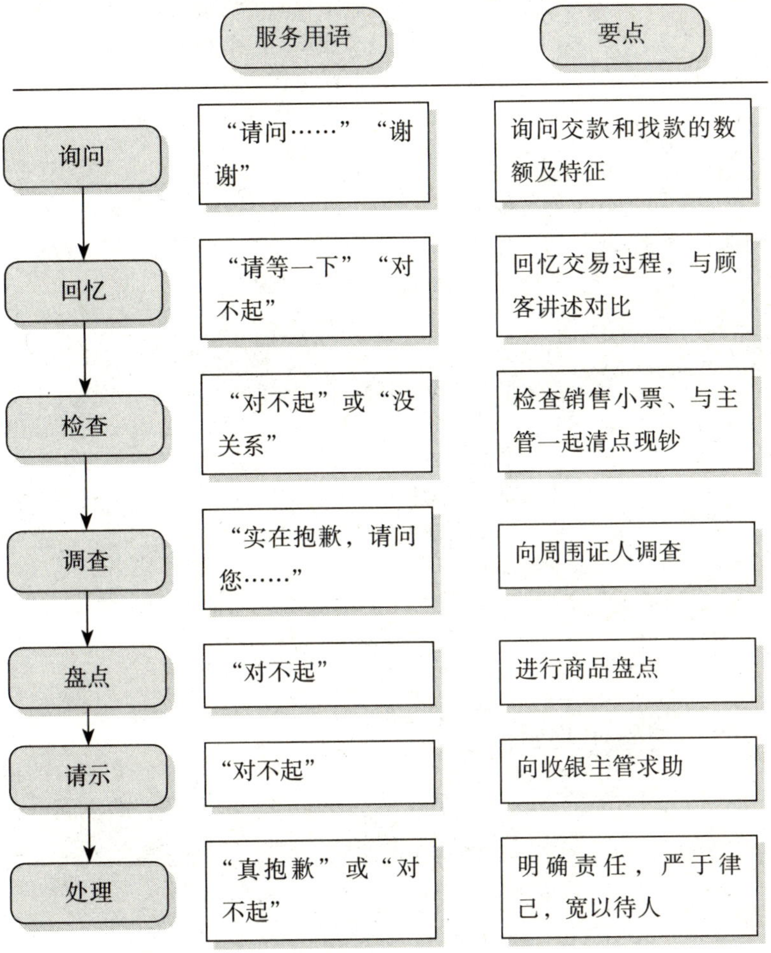

收款、找零发生差错处理流程

第二节　服务细节

细节01：商品扫描技巧

收银员扫描商品是有一定技巧的，具体如下图所示。

查看整箱商品	如果是原包装（未启过封的）整箱商品且无条形码，为了方便顾客，扫描时可不开箱，而拿商场一个零散的同样商品做样品扫描；如果是非原包装（启过封的）整箱，就必须要开箱扫描里面的商品，扫描后要当场用胶带为顾客再次封箱，以方便顾客携带
对于有包装的商品	注意商品夹层，避免商品损坏而顾客没有发现，同时检查是否有外溢情况的出现，有时可能会出现将别的商品放在所购买商品的里层带出卖场的情况
查看有容积的商品	有盖子的锅、壶、盆、箱、盒等商品扫描时要打开盖子，查看里面有无顾客遗漏或忘记结账的商品
熟悉促销商品变价	促销商品的价格是经常变动的，顾客常常会提出价格质疑，收银员必须掌握各种商品条码和变价标签，熟悉本店当时的商品促销活动及方式，如才能避免差错，也才能正确回答顾客的问题

商品扫描技巧

细节02：消磁作业要求

正确地消磁是非常重要的，否则容易引发误会，引起顾客的不满，而且增加了店员的工作量与工作难度。收银员在消磁时，需要注意的要求如下图所示。

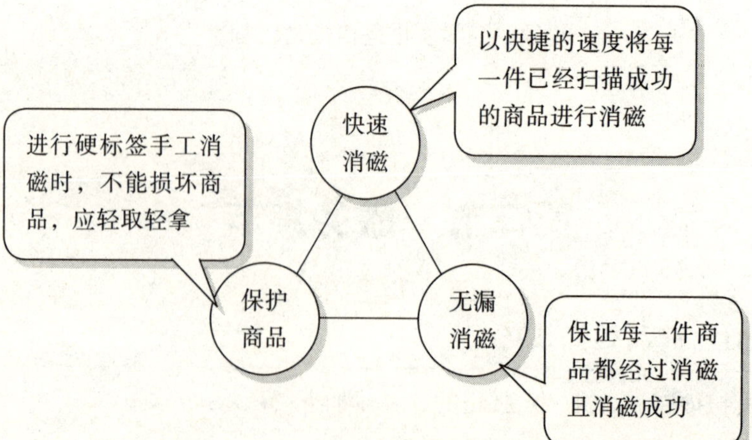

消磁作业要求

细节03：收银差异处理

便利店收银差异处理如下图所示。

收银差异产生原因	（1）收银员收款错误和找零错误 （2）收银员没有零钱找给顾客或顾客不要小面额零钞 （3）收银员误收假钞 （4）收银员不诚实，盗窃便利店的收银货款 （5）收银员将收银机的输入键按错，如将现金键误按成卡键 （6）收银员在兑零的过程中出现错误
处理原则/方法	（1）收银差异必须在24小时内进行处理，由现金室发现收银差异 （2）超出一定金额的收银差异，必须在发现的第一时间报告安全部和收银主管 （3）收银差异的原因由现金室进行查找，没有合理解释的，收银员本人必须有书面的解释 （4）所有收银员的收银差异必须进行登记 （5）对于超出规定的收银差异的收银员必须作警告处理
减少差异的措施	（1）加强收银员的培训，减少假钞带来的损失 （2）加强收银员的教育和品德培养，杜绝因不诚实而引起的现金盗窃 （3）加强收银过程的标准化服务，包括唱收唱付，减少因收款、找零错误而带来的损失 （4）加强收银区域安全防范管理，对收银员的工作进行有效的监督 （5）加强营业高峰和节假日的大钞预提工作，减少收银机的现金累积，减少现金被盗的机会

收银差异处理

第三节　疑难解答

问题01：现金收找对收银员有何要求

收银员在进行现金收找时，要按照以下几点要求：

（1）按正确的点钞手势点款，同时辨别真伪。

（2）破币应收回，以减少流通中的破币数量，但排除拼凑币（即断裂部分不属于同一张币纸）和缺损面积超过完整币面1/5的残币这两种情况。

（3）合理搭配找零币值，节约零币支出；找零币尽量平整、成色新。

（4）收银员应满足顾客因使用投币电话、购买自动售货机内商品等调换少额零币的要求。

（5）收银员不受理外币付款，不得私自与顾客兑换外币。

问题02：如何鉴别信用卡真伪

由于信用卡的方便性，使用信用卡的人越来越多，使用的领域也越来越广泛，对于信用卡的真伪鉴别显得越来越重要，具体可从以下几个方面入手：

（1）一看塑料底片外观。真卡表面光滑，颜色不易脱落，底片有防伪标识。而伪卡表面粗糙，颜色易脱落，底片一般无防伪设计。

（2）二看印刷。外卡中凸印卡号的前四位数字与上方或下方平面印刷的微型四位数字是否一致；是否有更改痕迹；卡面图案是否清晰；等等。银联标识的信用卡不一定有平面印刷的微型四位数字，在POS机上刷卡时，应检查POS机上显示的磁条信息中的卡号是否与卡面凸印的卡号一致。真卡颜色鲜明，字样清晰，卡面条纹清楚整齐；伪卡字样模糊，颜色过深或过浅，卡面条纹不整齐，就像贴在白卡上。

（3）三看签名栏。卡背签名如果是中文，应与卡面凸印的持卡人汉语拼音名相符；卡背签名如果是英文，应与卡面凸印的持卡人英文名相符；如果明显不符，应立即拒绝受理。另外，真卡有发卡公司的商标，伪卡无公司商标，即全白色或有涂改痕迹，且签名不流畅。

（4）四看卡面有效期。失效卡应立即拒绝受理。

问题03：银行卡受理应注意哪些事项

收银员在受理银行卡付款时，需要注意以下几点：

（1）收银员按银行卡操作规定，受理顾客信用卡付款，并要辨别银行卡真伪，认真核对证件和顾客签名。

（2）对联网POS操作的银行卡，顾客未在卡背后签名条上预签名的，如果输入密码后交易成功且核对顾客在签购单上的签字与银行卡姓名拼音相符的，收银员可以受理。

（3）对外卡、无密码操作的信用卡，顾客未在卡背后签名条上预签名的，收银员不得受理。

问题04：商品扫描意外情况如何处理

收银员在对商品进行扫描时，对于下列意外情况，要及时采取措施予以解决。

（1）条码失效。由于条码损坏、有污渍、磨损，条码印刷不完整、不清楚而使条码失效。要在同样的商品中找到正确的商品条码，用手工扫描方式解决。

（2）条码无效。编码可能有错，条形码重复使用或假码都能使条码失效。要核实商品的售价，以价格销售的方式售卖，记录例外情况，由专员跟踪解决。

（3）多种条码。商品的包装改变，如买一送一，促销装商品的赠品条码有效可出现多种条码现象。核实正确的条码，由专员对所有的非正确条码予以完全的覆盖。

（4）无条码。商品本身无条码，自制条码脱落，商品条码丢失。找出正确的条码，用手工扫描，由专员跟进剩余商品的条码检查。

问题05：消磁时应注意哪些问题

（1）只有正在进行扫描收款的当值收银员才能对商品进行消磁。

（2）只有在顾客购买付款的过程中才可消磁，保证所有付款后的商品正确消磁，未付款商品不能消磁。

（3）收银员应避免将商品和包装袋压在消磁板电源线上，这样做容易造成消磁板与电源线接触不良而导致消磁板断电。

（4）收银员应特别注意体积小、价格较高商品的消磁，如巧克力、化妆品和洗涤用品等。在对商品进行消磁时应尽量降低商品的高度，并将商品的正反面分别消磁。

（5）特别注意不要将防盗硬标签的钢钉丢弃在地板上而造

成人身伤害事故。

（6）消磁系统出现故障时，收银员有责任第一时间报告店长，请求帮助，在系统未恢复正常工作前，暂停收银程序。

（7）收银员每天收银结束工作后应关闭消磁板电源。

问题06：装袋例外如何处理

当装袋出现例外情况时，请按以下方法处理：

（1）商品过重：向顾客说明，询问是否需要多购购物袋来分装或套装。

（2）袋子破裂：若是顾客自带购物袋破裂，询问顾客是否需要购买购物袋，若回答“是”，则取购物袋，并在收银机上按购物程序操作；若是便利店当时卖给顾客的购物袋破裂，则应去掉破裂袋子，重新拿一个购物袋来包装，破裂购物袋按报损处理。

问题07：为顾客结账发生错误如何应对

当收银员为顾客结账发生错误时，应采取以下应对措施：

（1）必须礼貌地先向顾客解释、致歉，并立即更正。

（2）当收银员误将商品价格多打，且账单尚未打出时，可询问顾客是否还要购买其他商品，如顾客不需要，则应将账单作废，重新打单。

（3）如果账单已经打出，应立刻将打错的购物小票收回，重新打印一张正确的购物小票双手递给顾客。

（4）礼貌地请顾客在作废的结算单上签字。待顾客离去之后，在一定时间内将结算单记录本填好，并立即通知店长前往签名作证。

问题08：商品价签不符如何应对

收银员应熟悉商品价格，特别是刚进店的新商品、促销商品的价格，以便尽早发现错误的标价，并作妥善的处理。

1．出现商品错误标价时

（1）如果商品的标价低于正确价格，应向顾客委婉解释，若是顾客坚持依照标识上的价格支付，仍应尊重顾客的意愿，因为这是便利店员工的错误。

（2）同一商品上有两张标价时，应以低价登录，但若顾客所购数量很大，或差价在一定数额以上时，应先查证是工作人员的疏忽，还是顾客自行更换了标价签。

出现以上两种情形时，都应立即通知店长其他商品的标价是否正确，并对顾客说："对不起，我找人帮您确认一下。"

2．出现商品打错标价或商品名称时

如出现顾客忘记打价格时，应委婉地请顾客打称，并应说："对不起，这些商品需要打称。"

问题09：顾客携带现金不足或顾客临时退货处理

如果顾客携带现金不足或顾客临时退货时，需要采取以下处理措施：

（1）当顾客所携带的现金不足以支付货款时，顾客可以选择退回一些商品。若顾客因携带的现金不足或临时决定不买，不能表现出不耐烦的情形；若顾客愿意回去拿钱时，必须保留与差额等值的商品。

（2）当顾客想要退回其中的一些商品时，店员应查看商品是否已经损坏，是否符合退货标准，否则不予退换。

第四章

顾客服务规范化

作业流程·服务细节·疑难解答

本章导读

便利店只有加强服务，才能满足顾客的需求，才能赢得顾客的信赖，才能提升顾客的满意度；同时，只有加强服务，才能体现自身价值和满足自身发展的需求，因为只有服务得到了赞同和市场的认可，便利店才能在这个激烈竞争的市场中立于不败之地。

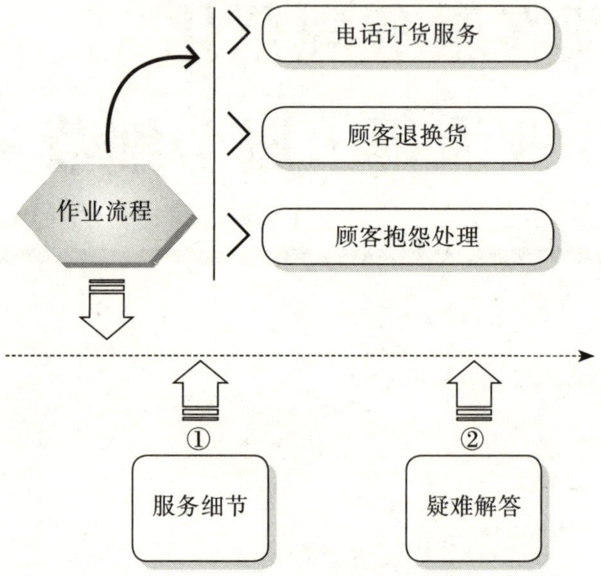

顾客服务示意图

解说

①服务细节是对作业流程中需要注意的细节的具体分析指导。

②疑难解答是对作业流程中经常遇到的问题的解释分析。

第一节 作业流程

流程01：电话订货服务

便利店的电话订货服务流程具体如下图所示。

店员接到顾客电话后，礼貌询问顾客的姓名、地址、电话及所选购的货品内容，并将其详细记录于店铺专门设立的“顾客订、送货记录簿”内

↓

一分钟后拨打记录下的电话，礼貌询问顾客是否需要店铺提供小票，以此确认顾客资料的真伪

↓

店员接到顾客订货后，应在半小时内（非繁忙时间）备齐顾客所订购的货品，入机出购物小票，且带备找零钱按所记录的地址送货

↓

店员送货时需穿着工衣，带齐顾客所订货品、购物小票、发票（若顾客有需要）、备找零钱以及店铺现时指定的促销及推介货品，以便附加推销

↓

店员按记录地址送货，与顾客核对货品及金额后，按金额收取现金，并向顾客推介指定货品后，礼貌谢谢顾客的惠顾，欢迎对方再次订购

↓

店员回铺后将收回的现金、备找零钱以及并未售出的货品交店长，店长将现金及备找零钱交还收银机

电话订货服务流程

流程02：顾客退换货

便利店顾客退换货的处理流程具体如下图所示。

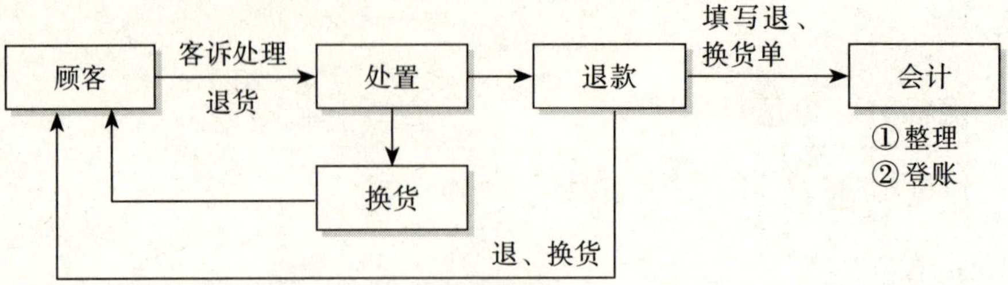

顾客退换货

流程03：顾客抱怨处理

便利店顾客抱怨处理程序如下图所示。

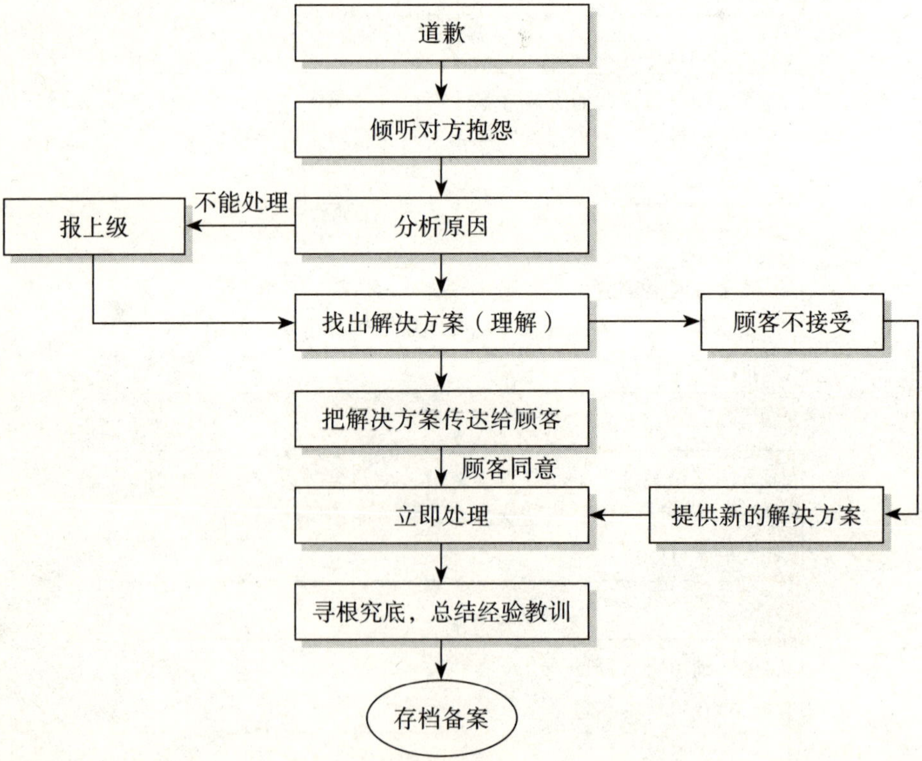

顾客抱怨处理

第二节　服务细节

细节01：顾客购买习惯类别

根据顾客的购买习惯，可将其分为两类，具体如下图所示。

惯性购买的顾客	惯性购买的顾客大多都是熟客，其会不断光顾，主要原因为：地点方便；没有时间规限；受店铺外观吸引；能提供所需的商品；上次光顾比较满意；对商誉及商品充满信心；洁净的购物环境；员工态度友善；店铺及商品的陈列吸引及价钱合理；等等
非惯性购买的顾客	非惯性购买的顾客，一般多是生客，其会光临的原因为：地点方便；没有时间规限；偶然路过，突然有所需；受店铺的外观吸引；受传媒的宣传吸引；受推广活动吸引及亲友推介；等等

顾客购买习惯类别

细节02：便利店服务形象要求

便利店必须向顾客提供优质的顾客服务，以建立方便、快捷、友善、清洁的四大服务形象，具体如下图所示。

方便	24小时营业；货品种类齐全，自助形式，方便随意选购；货品摆设整齐划一；微波炉供顾客使用；24小时代收话费、代收报名费；代售电话磁卡、邮票、上网卡等便民服务
快捷	店员熟悉店铺的环境和摆设，为顾客提供有效率的服务；店员熟悉各种机器的操作，使顾客不用排队等候；货品摆设规划整齐，使顾客容易寻找货品，省时快捷；货场无杂物，购物畅通无阻；繁忙时间前做足准备工作，为顾客节省时间
友善	顾客进店时店员主动说："欢迎光临"；热情主动地帮助顾客；主动向顾客介绍、推荐各类商品；主动帮助顾客把所购的商品装入胶袋；以服务顾客为先

清洁	任何时候卖场内外都保持清洁；遵照统一的清洁指示；各种机器按指引使用合适的清洁剂，将工具进行清洗和消毒；时时保持食品的卫生、清洁和新鲜；货品经常流转及打扫；店员时时注意个人卫生及仪容整洁

便利店服务形象要求

细节03：不同类型顾客接待技巧

不同类型顾客接待技巧，具体如下图所示。

根据顾客的年龄	（1）对老年顾客：讲话速度要慢，语气要真诚、自然 （2）对中年顾客：尽量多让顾客吐露一些信息，并且在适当的时候主动推荐一些适合他们的商品 （3）对青年顾客：如果不是其主动询问，一般便利店店员不要过分热情地进行兜售
针对顾客的经济情况	（1）经济条件好的顾客：可以立即推荐其使用 （2）一般工薪阶层：对于经济能力不是很强的，应站在顾客的角度替其考虑 （3）经济情况较差：此类顾客可先对其推荐让其了解一下，然后循序渐进地进行销售
针对顾客的个性	（1）理智型顾客：关键是运用科学证据，向顾客展现，讲解要有凭有据，有说服力，同时具有一定的专业水准 （2）诉说型顾客：要耐心地倾听，给予关心，形成共鸣，站在顾客的角度为其考虑 （3）爽快型顾客：表达清晰，言语简练、准确，多着眼于产品的功效与适用范围 （4）犹豫型顾客：要向此类顾客展示其他顾客使用产品后的反馈效果，增强其购买信心。通过以上沟通，如果顾客能耐心地听店员讲解，并对产品产生兴趣，就可以逐步过渡到产品销售的深一层次，化解顾客的异议

不同类型顾客接待技巧

细节04：附加推销方式

便利店常见的附加推销方式具体如下图所示。

关联性商品	建议一些与顾客所选购商品有关的额外商品
代替商品	若没有顾客需求的商品，可建议其他牌子，但性质一样的商品
季节性商品	建议购买一些只限某个节日或季节所出售的商品
推广商品	较正常的售价会有优惠，且优惠的商品每期更新，较易为顾客所接受
新商品	建议顾客购买新商品，保持顾客的新鲜感
冲动性商品	顾客原来并没有选购，但当在柜台付款时，才刺激购买欲的商品

附加推销方式

细节05：商品抱怨处理

便利店商品抱怨处理方法如下图所示。

商品质量问题	（1）如果顾客买的商品发生质量问题，说明便利店在质量管理上不过关，遇到这类情况，最基本的处理方法是诚恳地向顾客道歉，并更换质量完好的新商品 （2）如果顾客因为该商品的质量问题而承受了额外的损失，便利店要主动地承担起这方面的责任，并对顾客的损失包括精神损失都给予适当的赔偿与安慰 （3）在处理结束后，就该质量存在问题的商品如何流入顾客手中的原因向顾客讲明，并说明便利店的相应对策，给顾客再次购买本便利店商品以信心 （4）能与顾客保持一定的联系，确保顾客对便利店商品的满意度，并将商品的问题向供应商反映，给予更新，以利于便利店的发展

商品使用不当	（1）如果是因顾客自己使用不当而出现的商品质量问题，便利店员工要意识到，这不仅仅是顾客自身的问题，或许是店员在销售商品时未向顾客交待说明清楚注意事项，或者店员出售了不适合顾客使用的商品，属于这类事件的，便利店也应该承担一定的责任 （2）一定要向顾客真诚地道歉，并根据事情的发展情况给予顾客适当的赔偿

商品抱怨处理

细节06：特殊顾客抱怨处理

特殊顾客抱怨处理如下图所示。

“别有用心”的顾客	（1）这类型的顾客喜欢抓住便利店的弱点，提出难题，暗中索取金钱或贵重物品 （2）满足此类顾客的无理要求，会令便利店员工的士气大为降低；如果做出激烈的对抗，又会使事态恶化，极大地损害便利店的形象 （3）对待此类顾客，便利店管理人员及员工一定要保持清醒的头脑和冷静的判断力，利用法律武器保护自己的正当权益 （4）便利店方面也要管好自己的言行举止，否则将会给这类顾客留下可乘的空隙
挑剔的顾客	（1）认真接待。在商业中有一句名言：“一百减一等于零。”也就是说，便利店即使能使一百人满意，但是如果得罪了一名顾客，也会前功尽弃 （2）要耐心地听取他们的意见，探知他们明确的服务标准，表示他们的要求便利店已给予相当的重视 （3）给对方道歉，期望对方继续支持，并赠送小礼物以表示感谢，如此，挑剔的顾客就会容易被店员的诚挚感动，愿意团结在其周围 （4）最后把挑剔的顾客所引出的便利店漏洞堵住，以免顾客长期的抱怨和不满影响企业的形象和声誉

特殊顾客抱怨处理

细节07：缺货商品处理

当顾客欲购买缺货的商品时，店员应按如下规范操作：

查找商品	首先应尽最大努力在货架查找，如没有，再叫店长去电脑上查询商品库，如有货，则立即到仓库调拨。如确认无货后，可向顾客介绍其他同类商品，绝不允许随便答复顾客无货
记录电话	若顾客坚持要购买时，应对顾客说："对不起，您要的商品暂时卖缺了。请留下您的电话，货一到我们立即通知您。"若顾客不愿意留下电话，可将门店服务电话号码告诉顾客，请顾客打电话来询问
落实货源	登记好顾客需求后，要立即告知店长报货。根据店长或店长助理回复的意见尽快回复顾客，并将落实情况记录在"顾客求购商品登记本"上
答复顾客	按承诺答复顾客，到货后或约定时间内通知顾客。如暂时无法落实货源的也应答复顾客，并继续落实复查。第一个接待顾客的店员应进行跟踪，以便尽快为顾客解决问题

缺货商品处理

细节08：常用文明服务用语

便利店常用文明服务用语，具体如下图所示。

称呼用语	通常称为"先生""小姐""小朋友""阿姨""大叔""大爷"等，对女士尽量称小姐或阿姨。无论何种情形都禁止使用藐视或侮辱性的称呼
招呼用语	"早上好""您好""欢迎光临""我能帮您什么？""您需要什么？""请稍等，我马上就来。"
答询用语	"您需要的商品在靠边货架最底层，请跟我来。" "这是您要的××商品，您看合适吗？" "相比之下，这种（件）更适合您。" "这种商品暂时缺货，请您留下姓名和联系电话，一到货马上通知您，好吗？"

介绍用语	"这种商品现在很流行(或是新产品),您不妨试一试。" "这种商品正在促销,价格很实惠。" "这种商品削价是因为在促销(或活动期间),质量没问题。" "这种产品的特点(优点)是……" "您使用前,请先看一下说明书,按照说明书上要求操作。" "使用这种商品时,请注意……" "您要的商品暂时无货,但这种商品款式、价格和功能与您要的商品差不多,要不要试一下?" "商品数量比较多时,(步行5分钟范围内)我们负责免费送货。" "请您保存好电脑小票。"
解释用语	"先生(小姐),店内不能吸烟的,请您配合。" "对不起,不能把同类商品带进门店,请您先把它寄存起来好吗?" "先生(小姐),请不要把包(手机)等贵重物品随便放,以防被盗。" "对不起,按照政府有关规定,已出售的食品、烟酒、化妆品、贴身内衣裤如果不属于质量问题是不能退换的。" "很抱歉,这种商品是不能拆开包装的。" "不好意思,这种商品是不能拆开包装的。" "先生(小姐),这种商品应该这样使用……"
道歉用语	"对不起,让您久等了。" "对不起,这件没条形码,我马上给您换一件。" "对不起,让您多(空)跑了一趟。"
答谢用语	"多谢您的鼓励(支持)。" "这是我们应该做的。" "非常感谢您提的建议(意见),我们马上向上级反映。"
收银用语	"请问还有没有其他商品?" "收您××元钱。" "找您××元钱,请您收好(请点一下)。" "您的钱正好。" "您的钱不对,请您重新点(看)一下好吗?" "请您保留好电脑购物小票。退换货应持有电脑小票。" "这是您的东西,请拿好。"

道别用语：
“欢迎再次光临！”
“谢谢，欢迎再次光临。”
“很抱歉，让您久等了，欢迎再次光临。”

常用文明服务用语

细节09：常用服务禁语

便利店常用文明服务禁语，具体如下图所示。

顾客挑选商品：顾客挑选商品时，禁止说“不要摸商品，以免弄脏了”“人比较多请你快点挑”“不用试你肯定合适，不合适回来换”

顾客退货时：顾客退货时，禁止说“你才买的，怎么又要换”“买的时候干什么去了”“你买的时候，怎么没挑好（没看清楚）”“不是我卖的，我不知道”“肯定是你使用不当造成的，我们的商品质量没问题”“这不符合我们的商品销售退换货管理规定，不退（换）”

常用服务禁语

第三节 疑难解答

问题01：便利店店员仪容有何要求

第一印象是非常重要的，每个顾客一进便利店首先与之接触的是店员。所以，店员应随时注意自己的仪容，主要包括以下几点：

（1）注意讲究个人卫生。

（2）头发应修剪、梳理整齐，保持干净，禁止梳奇异发型。

（3）男店员不能留长发（以发脚不盖过耳背及衣领为度），禁止剃光头、留胡须；女店员留长发应以发带或发卡夹住。

（4）女店员提倡上班化淡妆，不能浓妆艳抹；男店员不宜化妆。

（5）指甲修剪整齐，保持清洁。

（6）上班前不吃葱、蒜等异味食物，不喝含酒精的饮料，保证口腔清洁。

问题02：便利店店员仪表有何要求

便利店店员的仪表要求主要包括以下几点：

（1）着装应整洁、大方，颜色力求稳重，不得有破洞；纽扣须扣好，不应有掉扣；不能挽起衣袖。

（2）店员上班必须着工衣。工衣外不得着其他服装，工衣内衣服下摆不得露出。

（3）上班时间不宜着短裤、短裙（膝上10厘米以上）及无袖、露背、露胸装。

（4）上班时间必须佩戴工牌，工牌应端正佩戴在左胸适当位置，非因工作需要，不能在便利店、办公场所以外佩戴工牌。

问题03：接待顾客有何规范

便利店店员在接待顾客时，需要遵循以下规范：

（1）不要看到顾客穿着不好，或购买金额较少就态度冷淡。

（2）不论对待什么样的顾客，都应诚心诚意地笑脸相迎。

（3）对儿童、老年人及带婴儿的顾客要格外亲切招待。

（4）对问询的顾客应以笑脸相迎，热情相告。

（5）不要把手插到裤兜里说话。

（6）不要打量着顾客服装说话。

（7）避免和顾客发生争执。

（8）咳嗽或打喷嚏时要转过头去，或用手或手帕遮掩住。

（9）不能边抽烟、边吃东西、边接待顾客。

（10）不要在顾客面前做挖鼻、剔牙的动作。

（11）不要做不负责任的回答或暧昧的表情。

（12）正在接待顾客时，如果有另外的顾客呼叫，应道声：“请您稍等一下”，等接待完了之后再接待第二人。

（13）对正等待着的顾客，客气地说声：“让您久等了”，再问顾客有什么需要帮助的或要求什么。

（14）接待结束时，便利店店员应彬彬有礼地送别顾客，如说：“谢谢，欢迎再来”“请您拿好东西”“请您走好”“再见”等。

问题04：店员站姿有何规范

便利店店员在对顾客进行服务时，基本上是以站立为主，为此必须保持良好的站姿。具体如下：

（1）头部抬起，面部朝向正前方，双眼平视，下颌微微内收，颈部挺直，面带微笑。

（2）双肩放松，呼吸自然，腰部直挺。

（3）双臂自然下垂，处于身体两侧。

（4）两腿立正并拢，双膝与双脚的跟部紧靠。

（5）两脚呈“V”状分开，两者之间相距约一个拳头的宽度。

（6）男店员双手相握、叠放于腹前或相握于身后。

（7）女店员双手相握或叠放于腹前。

（8）双脚以一条腿为重心，稍微分开。

（9）男店员要站出英俊、强壮的风采，女店员要站出轻盈、典雅的韵味；切记，不可在工作中背对顾客，或站立时表现出无精打采的样子。

（10）无论男女便利店店员，站立时都应正面面对服务对象。

问题05：店员行走规范有何要求

便利店店员在行走时，其规范要求主要包括以下几点：

（1）行走时应轻而稳。

（2）行走时应昂首挺胸收腹，肩要平，身要直。

（3）男店员行走时双脚跟走两条线，但两线尽可能靠近，步履可稍大。在地上的横向距离为3厘米左右。

（4）行走时双目平行向前，两臂放松自然摆动，两肩不要左右摇晃。

（5）行走时不可摇头晃脑、吹口哨、吃零食，不要左顾右盼，更不要手插口袋或打响指。

（6）不得以任何借口奔跑、跳跃。确因工作需要必须超过顾客时，要礼貌道歉，说声对不起。

（7）不与他人勾肩搭背，手拉手并行，行走时男店员不得扭腰，女店员不得晃动臀部。

问题06：店员手势规范有何要求

便利店店员手势姿态的规范要求主要包括以下几点：

（1）在给顾客指引方向时，要把手臂伸直，手指自然并拢，手掌向上，以肘关节为轴，指向目标。

（2）在指引方向时，眼睛要看着目标并兼顾对方是否看到指示的目标。

（3）在介绍或指示方向时切忌用一根手指指点。

（4）谈话时手势不宜过多，幅度不宜过大，否则会有画蛇添足之感。

（5）一般来说，手掌掌心向上的手势是虚心的、诚恳的，在介绍、引路、指示方向时，都应掌心向上，上身稍前倾，以示敬重。

（6）在递给顾客东西时，应用双手恭敬地奉上，绝不能漫不经心地一扔。

问题07：接受电话订货服务需注意哪些事项

便利店店员在接受电话订货服务时，需特别注意以下事项：

（1）订货金额在500元以上时，由店长视乎可信度决定是否送货，如送，必须派两位同事一同前往，如有贵价条烟和洋酒时，必须盖上便利店印章才能送货。

（2）店员送货时需严格执行有关规定，不能向顾客索取或接受小费。

（3）店员送货时如遇到大楼保安拒入，应礼貌向其解释，并说出订货顾客的地址、姓名。

（4）送货店员每次外出送货时，须在“送货记录簿”上记下外出时间，回铺后也应在送货记录簿上记下回铺时间。

（5）送货店员离开店后必须在最短时间内到达送货地点，送货后必须马上回到店铺，如送货超过30分钟仍未回铺，必须致电回店铺说明原因。

（6）店内店员如30分钟内未见送货店员回铺，必须主动拨打订货顾客电话，查询是否已收到送货，并了解送货员工的离开时间，如发现问题应即时报警。

（7）如送货店员所携带的是推广产品，应礼貌及有技巧地向顾客推介。

问题08：如何为顾客提供代收话费服务

便利店代收话费是为了增加便民服务，吸引额外客流，加大与竞争对手的区别。便利店代收现金缴纳移动电话话费，代收现金缴纳移动电话预付话费。

（1）请顾客在“话费缴纳单”上填写缴费手机号码、机主姓名，并尝试询问号码所属账期。

（2）在收银台专用电脑进行拨号上网，登录移动通信运营综合管理系统。

（3）根据顾客所填写资料在业务系统上选择业务账期，在未知所属账期情况下一般先选择“预付话费”业务项进入界面。

（4）请顾客再次确认缴费手机号码、机主姓名，提醒顾客“一经缴纳无退款处理”。

（5）根据业务系统显示告知顾客应付话费金额，要求先交费后入账。

（6）顾客确认无误后，执行业务系统收费“入账”操作。

（7）最后根据不同账期，取用发票或收据进行打印。

（8）操作完毕，如无顾客继续交费业务，则将界面最小化，断开网上连接。

问题09：常用的顾客服务用语有哪些

便利店店员在为顾客服务时，常用的服务用语包括：

（1）在早上当有顾客进入店铺内，店员必须要说：“早上好”或“您好”

或“欢迎光临”。

（2）当员工在上货、清洁时，应说：“对不起，请随便看。”或说：“对不起，先生/小姐，请问有什么可以帮您呢？”

（3）当顾客需要协助时，员工应主动上前帮助，说：“先生/小姐，您好，请问有什么可以帮您呢？”

（4）如果顾客拒绝帮忙时，员工应说：“请随便看，如有需要的话，可随时找我。”（注意不要站在顾客旁边，令他有被监视的感觉）

（5）如有杂货阻碍顾客购物，应立即使通道畅通；如对顾客的提问不清楚，应对顾客说：“对不起，先生/小姐，我不清楚，请您等一等，我找其他人帮您。”然后尽快找到其他员工协助，避免对顾客不礼貌地说：“不知道。”

（6）当顾客询问某种商品的位置时，应对顾客说：“先生/小姐，请跟我到这边来。”将顾客带到商品架前，说：“请随便看。”

（7）当顾客需要购买的商品缺货时，说：“对不起，您想要的商品暂时缺货，我们下一次到货时间是××，或者，我介绍另外一种同类型的产品给您？”

（8）当顾客拒绝你的提议时，你应说：“对不起，如果您不急着要这种商品，欢迎您下次再来买。”

（9）当顾客在店内不小心打破商品时，员工应首先关心顾客有否受伤，说：“先生/小姐，请问您有没有受伤呢？不要紧，让我来处理这些东西，您继续挑选商品吧！”

（10）当接听电话时，说：“早上好，××，请问有什么可以帮您？”当对方是找员工时，说：“对不起，请稍等。”

（11）假如其他员工没有时间接电话或不在店铺内，应通知对方，说：“对不起，××不在（或××暂时不能接听您的电话），请问可不可以留下您的姓名、电话，等他回来时复您？”

问题10：附加推销时要注意哪些事项

便利店店员在进行附加推销的时候，需要注意下列事项：

（1）不是硬性摊派，所以在交易过程中要弹性处理。

（2）注意推销的语气，不要令顾客反感。

（3）未必每次推销都会成功，但必须每次交易都要尝试。

（4）当顾客每一次购物时，应尽量做出有建设性的附加推销，如：顾客买鲜奶时，可问其要不要面包。

（5）即使繁忙也不忘问顾客一声：“还有没有其他需要呢？”

（6）当店员向顾客做第二次附加推销，顾客仍然不接受或表现得不耐烦时，店员不应再继续推销。

（7）切不可用没零钱来做附加推销的理由。

问题11：如何处理服务抱怨

顾客的抱怨有时候是因便利店员工的服务而引起的。服务是无形的，不能像商品那样事实明确、责任清晰，只能够依靠顾客与员工双方的叙述，因此，服务问题要明确责任是比较困难的。

（1）处理类似问题时，店员一定要明确“顾客就是上帝”这一宗旨。

（2）首先听取顾客的不满，向顾客诚恳地道歉，向顾客承诺以后保证不再发生类似的事件。

（3）必要时与当事人（员工）一起向顾客表示歉意。

（4）待事件处理完毕后，对这位员工在精神上、物质上给予一定的补偿。这样做的基本出发点是让顾客发泄自己的不满，使顾客在精神上得到一定的满足，从而赢得顾客对便利店的信赖。

（5）事件处理完毕，要对员工处理顾客关系的技巧进行必要的培训，使店员能够在措辞和态度上应对得体，以减少类似抱怨的发生。

第五章

物流管理规范化

作业流程·服务细节·疑难解答

本章导读

便利店经营效率的高低在很大程度上取决于其产品配送效率的高低。随着我国连锁便利店的大规模扩张，对物流配送的需求越来越强烈，要求也越来越高，因此必须做好便利店的物流管理工作。

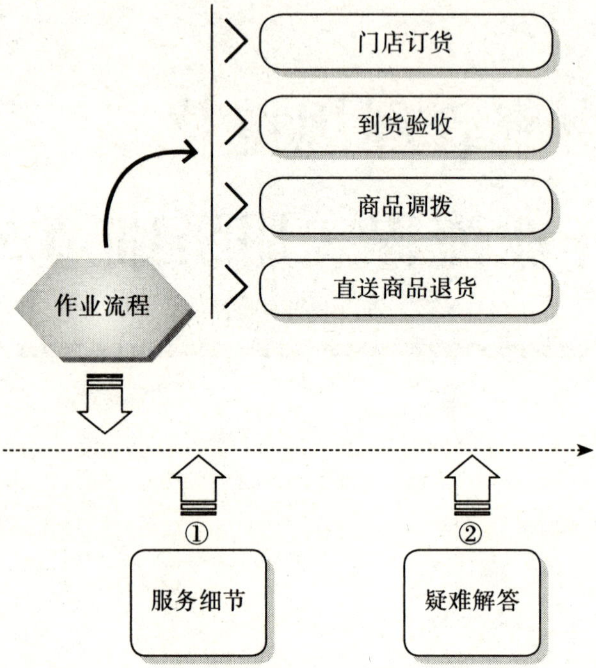

物流管理示意图

解说

①服务细节是对作业流程中需要注意的细节的具体分析指导。

②疑难解答是对作业流程中经常遇到的问题的解释分析。

第一节　作业流程

流程01：门店订货

便利店订货流程具体如下图所示。

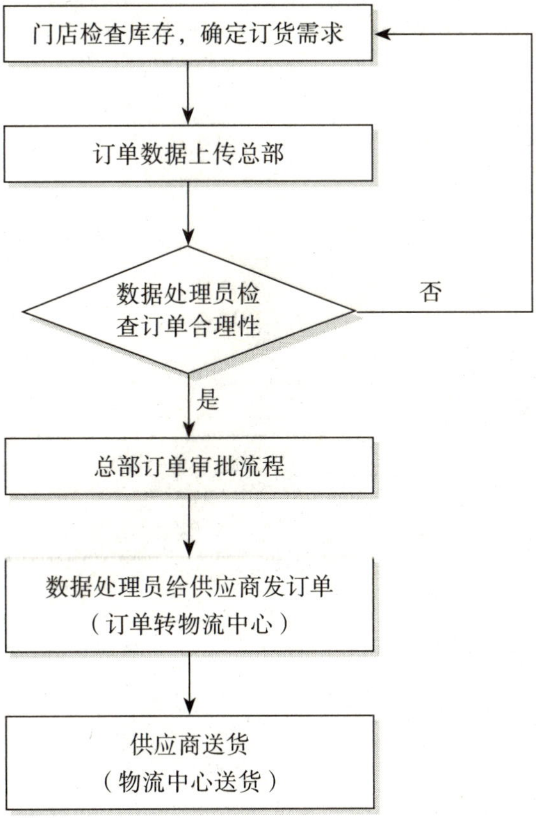

门店订货流程

流程02：到货验收

便利店到货验收流程具体如下图所示。

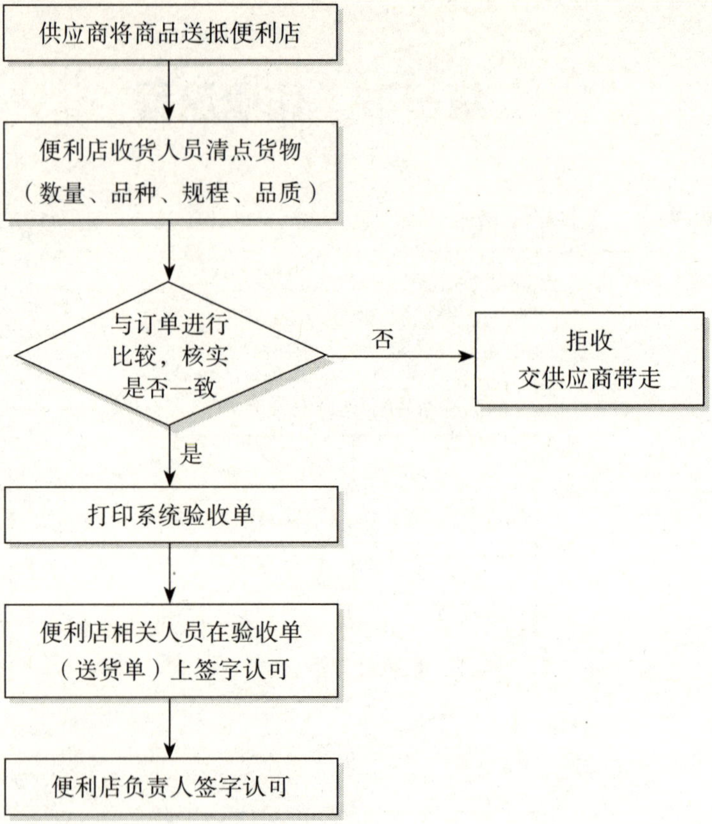

到货验收流程

流程03：商品调拨

门店间不得私自进行商品的调拨，如写欠条、借条等情况。门店之间如进行商品调拨，应协调好双方同意调入和调出商品的品种和数量。门店之间的商品调拨流程如下图所示。

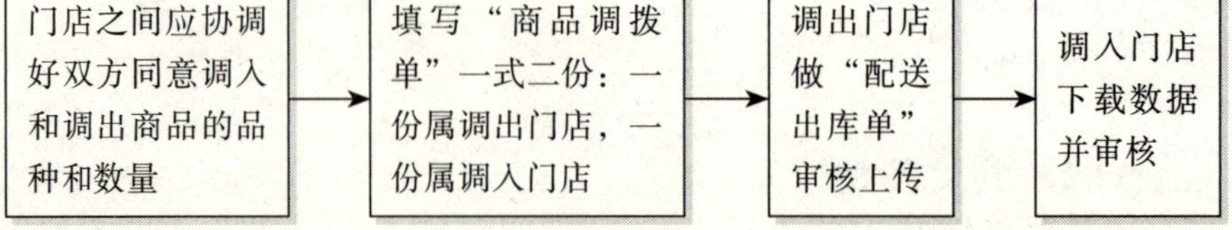

商品调拨

流程04：直送商品退货

直送商品如出现涨气、漏气、量少、变质、临期等情况，应由店长联系需退货的供应商，协商退换货处理。直送商品退货流程如下图所示。

店长填写“退货单”，一式三联
↓
联系需退货的供应商
↓
店长与供应商业务员检查准确退货数量并确认
↓
店长在系统做“退货出库单”，并审核

直送商品退货

第二节　服务细节

细节01：商品采购原则

便利店经营者在进行商品采购时，需要掌握商品采购原则，选择最合适的商品。商品采购原则具体如下图所示。

把握商品销售动态

（1）哪些商品正处于畅销期
（2）每日销售量可达到多少
（3）哪些品种下一阶段会扩大销售量
（4）增长幅度和速度如何
（5）根据销售动态变化，订货量应该如何调整，调整的幅度是多少等

把握商品库存量

（1）库存量除了仓库中的商品存量外，还包括现场销售的陈列品的量
（2）在无仓库营业的店铺，货架上的陈列量就是库存量

细致进行商品管理	对于商品各方面的特征，都应实行具体、准确、细致的管理，这些基本情况和数据是确认商品现有存货量、更新的必要性、现有价值等基本数据的依据。有了这些准确的数据，才能较恰当地得出需要更换、补充和处理的结论，才能真正把握库存状态，为确定采购数量提供依据
季节、节日促销	季节变化，每年固定的节日、纪念日、店庆等特有的各种活动，都会影响某些种类商品的销售动态
文明经商	文明经商与商品采购相联系，即进货时要保证质量，杜绝假冒伪劣商品，以保证顾客和自身利益
诚实守信	采购商品时，要以合同的形式与供货商确定买卖关系，保证买卖双方的利益不受损害，并使便利店的经营能够正常进行

商品采购原则

细节02：商品采购操作步骤

便利店商品采购操作步骤如下图所示。

弄清采购项目	（1）便利店经营者首先要弄清该时段、该季节该采购什么。这就要求便利店经营者首先要是卖场陈列专家，弄清店铺卖场最佳的陈列区域，其次是陈列的内容 （2）这些都是非常有学问、有科学依据的，否则就不能吸引顾客上门
确定采购数量	在采购之前，一定要弄清卖场的最佳陈列应该要多少货，库存量还有多少，总共需要增加多少货才能保证经营的最佳态势。结合对各种规格卖场基本陈列的科学分析，最终确定采购的基本数量
与供应商联系	在确定采购项目和数量之后，就可以根据订货单与供货商联系确认本次进货明细单和发货日期，在到货前清理好卖场和库房货架，为采购做好准备

商品采购操作步骤

细节03：商品验收标准

便利店商品的验收标准具体如下图所示。

外包装	商品外包装不得有破损，包装不得有拆封过的痕迹，包装的外观应整洁、干净，熟食类食品的包装应特别注意卫生、干净、无污染
内包装	包装层次较多的商品，要注意内部商品不得有破损、内部小包装不得有任何形式的损坏，要保证商品自身结构完好无缺
质量	验收商品时，所有商品的质量必须达到该商品规定的质量标准，一定要有商品合格证，食品要注意本身的色质、新鲜度、是否保持良好，严禁有异味、有污垢
保质期	参照保质期的管理标准，严格查看商品的生产日期、保质日期，不得有过期或即将过期的商品
商标品名	所有商品的商标品名、生产商、生产地都必须完整（进口商品必须贴有中文标识），而且要印刷清晰、无遗漏，要保证商品的品质。严禁“三无”商品进入门店销售
条码	要求所有的商品条码必须印制清晰、易读，符合国标印制标准
品名规格	仔细查看商品的规格，根据商品的包装、容量核对商品规格是否正确标识，并检查商品规格的标识单位是否统一
数量	商品数量的验收是最基本的商品验收程序，验收时应注意认真核对送货单据所列各项数量与实物数量是否相符，不同条码、规格、包装的商品数量一定要与送货单上列出的各类项目的数量相同。严禁混在一起清点总数量
单据	送货单上的字体一定要清晰、明了，单据的号码要每页相同，注意单据上的送货地点是不是本店，防止误送，出货日期及送货日期是否与当日吻合，单据的填写是否按公司规定经相关人员签名盖章

商品验收标准

第三节　疑难解答

问题01：如何辨别拒收商品

便利店店员要明确哪些商品是必须拒收的，拒收商品主要包括以下几点：

（1）罐头：凹凸罐，外壳生锈，有刮痕，有油渍等。

（2）腌制食品：包装破损、有液汁流出、有腐臭味道及汁液浑浊或液汁太少、真空包装漏气。

（3）调味品：罐盖不密封、有杂物渗入、包装破损潮湿、有油渍。

（4）食用油：漏油、包装生锈、油脂浑浊不清、有沉淀物或泡沫。

（5）饮料类：包装不完整、有漏气、有凝聚物或其他沉淀物、有杂物、凹凸罐。

（6）糖果饼干：包装破损或不完整、内含物破碎、受潮、发霉、发软。

（7）冲调饮品：包装不完整、有破损、凹凸罐、内含物受潮成块状、真空包装漏气。

（8）米及面食：内含物混有杂物，内含物受潮结块状，内含物生虫或经虫蛀，内含物发芽或发霉。

（9）百货类商品不得出现以下情况：商品破损、断裂、外表有油渍不净、商品有瑕疵等。

问题02：一般产品的保质期是多久

便利店店员要掌握一般产品的保质期，在收货时仔细查看商品的生产日期及保质期。

（1）奶粉：马口铁罐装为12个月；玻璃瓶装为9个月；塑料袋装为3个月。

（2）甜炼乳：马口铁罐装为9个月；玻璃瓶装为3个月。

（3）麦乳精：镀锡铁罐装为12个月；玻璃瓶装为9个月；塑料袋装为3个月。

（4）糖果：第一季度和第四季度生产的为3个月；第二季度和第三季度生产的为2个月（梅雨季节生产的为1个月）。

（5）罐头：肉禽类罐头为24个月；水果、蔬菜罐头为15个月。

（6）饮料：易拉罐、玻璃瓶装果汁饮料为6个月；玻璃瓶装果味汽水为3个月，罐装果味汽水为6个月。

（7）酒类：11°～12°熟啤酒，省优的为4个月，普通的为2个月；12°啤酒为3个月；10.5°熟啤酒为50天。

（8）塑料袋装方便面为3个月；巧克力、夹心巧克力为3个月；纯巧克力为6个月；油炸干果、番茄酱铁罐装、玻璃瓶各为12个月，酱油和食醋为6个月。

问题03：食品验收日期有何要求

便利店店员在验收食品时，不仅要掌握其保质期，更要掌握不同食品对于验收日期的要求，具体如下表所示。

食品验收日期要求

一般食品验收规定			
序号	保质期	门店收货（说明）	
1	1天	当天	非当天送货则不予验收
2	3天以内（含3天）	当天	非当天送货则不予验收
3	7天以内（含7天）	保质期前3天	保质期到第4天不予验收
4	10天以内（含10天）	保质期前4天	保质期到第6天不予验收
5	15天以内（含15天）	保质期前5天	保质期到第8天不予验收
6	30天以内（含30天）	前保质期1/2内	保质期已经过一半的门店不予验收
7	90天以内（含90天）		
8	180天以内（含180天）		
9	360天以内（含360天）		
10	1年以上，2年以下		
11	2年以上		

（续表）

进口食品验收规定			
序号	保质期	门店收货（说明）	
1	1年以下（含1年）	前3/5保质期内	保质期已经过3/5的门店不予验收
2	1年以上	前3/5保质期内	

问题04：如何科学地选择商品品种

便利店经营者应从维护顾客的利益方面着想，要有针对性地满足他们的需要，要明确自己的店到底是为谁开的；也就是说，确定核心顾客，然后弄明白他们需要什么，根据他们的需要进购商品。

每一件摆在货架上的商品，都是针对目标顾客消费习惯精心选择的结果。从零售的角度来看，这些商品都有严格设定的角色，有明确的经营目标。

非知名品牌而功能一样的商品不能重复；个性冲突的商品不能同时经营。

在不影响总销售量的同时，一个零售店经营的商品个数如能极大地压缩，平均单品的销售也就得到了巨大的提高，直接后果是向单个供应商的采购量得到了集中，除了可以节省费用外，还能争取从那些供应商那里获得更大的优惠。

问题05：如何建立科学合理的采购体系

建立一套科学、高效、廉洁的采购体系。因为按照这种方法，采购不再是绝对依靠个人判断的事情，而是依靠科学的分析，先制订合理的计划，员工工作的主要任务是如何达成计划。

比如说，当便利店经营者接触到供应商推荐的一个没有经营过的品种，将按照下列步骤确定是否采购：

（1）要根据商品组合计划、店铺的定位，先判断经营适合性。

（2）如果适合，确定是否是原有商品的可替代品，以帮助顾客选择最能满足他们需要的商品。

（3）如果是可替代品，要分析引进该商品后，从价格、销售、促销等方面会对现有的哪些商品产生影响，影响的效果有多大。

（4）分析应该被换掉的商品目前的价格、库存、未结账款等项目，以确定相应的处理办法和时间表。

（5）确定新品供货条件、供货时间、商品销售价格、促销活动等。

新品引进和滞销品淘汰是一个工作的两个方面，当采购体系最大限度地依靠这样的系统时，便利店经营者就能被激发做出理性的商业决策，店铺的综合经营效益也就能得到更充分的保证。

问题06：商品堆放有何要求

便利店在堆放商品时，需要注意以下要点：

（1）在收货区堆放商品时，必须按类、分开堆放，不得堵塞通道。

（2）堆放商品时，应符合商品外包装要求。耐压及包装的商品放在下面，易碎的商品放上面。

（3）不宜受强光照射的商品应摆在避光处。

（4）禁止坐、踏商品。

（5）暂存在仓库的商品必须放在垫板上，堆放要整齐安全。

（6）取商品时应由上而下，并将挪动的商品及时还原，严禁从中间抽取。存货量较大的商品存取货采取从左向右逐排存取。

问题07：盘点前整理商品需注意哪些事项

便利店在盘点前整理商品需注意以下事项：

（1）抄单前对门店统一进行商品归类，整理货架上的商品，做到一货一签对齐（同条码商品放在一起）。

（2）先尽量使货架放满，货架上存不下的商品全部放到仓库。

（3）整理好仓库的商品、残次处理商品（残次处理商品列入盘点范围）。

（4）货架或堆头的商品整理归类后顺序不可调动。

（5）检查货架地面或空隙处是否掉有商品。

（6）熟食台下的柜子不要存商品，尽量将商品放到货架上，如实在放不下就放到仓库。

（7）堆头的空箱要用箱头笔注明是空箱；如果空箱不是本商品原箱也要注明里面商品的条码、品名。

（8）店长检查所有库存商品相关单据的入电脑情况，保证盘点前的数据准确无误。

问题08：盘点商品时要注意哪些事项

便利店在盘点商品时，需要注意以下事项：

（1）盘点、抄单顺序按“S”形进行，保证不漏盘、漏抄。

（2）发现有损坏的商品，应列入盘点范围，盘点入账。

（3）对一些容易出差错的数字，如0、6和9，1、2、3和7，应用大写标示。

（4）实盘数要保证数据的准确性，店长需对盘点结果签名负责。

（5）盘点人员完成自己的责任区盘点工作后，应服从店长的安排，帮助其他人员完成盘点工作。

（6）盘点资料应保证完整，对管理不善丢失单据的，应予以妥善处理。

（7）盘点中因不小心打破商品的，按零售价赔偿。

问题09：手工抄单需注意哪些事项

便利店在进行手工抄单时，需要注意以下事项：

（1）商品条码、品名规格、数量行暂时空着，待盘点时点好数量再填入。

（2）面向货架从最上层右边至左边再从第二排左至右呈“S”形依次不漏地按顺序抄过去。

（3）抄单时先抄商品的条码、品名，要抄清楚以便于查找。数量先空着，等盘点时再把盘点出来的数量填上去。每抄一项要核对，以保证准确无误。

（4）抄单时抄错的要改清楚或画掉；抄单时按每个货架抄，抄完后要把单订在一起。

（5）如发现漏抄的品种，只能用购物篮另外装好，盘完后再另外独立抄单。

（6）抄单后商品一律不准再变动位置，如有新品上架，必须摆到货架最后处。

问题10：手工盘点需注意哪些事项

便利店在进行手工盘点时，需注意以下事项：

（1）开始盘点时首先对整个门店进行清理，把那些在营业中被顾客拿乱的商品全部归回原处。

（2）盘点时要点清数量，不可错盘。

（3）盘点时要按顺序依次点数，不可漏盘。

（4）盘点时如发现有漏盘或漏抄现象，要把该商品放到篮子里，盘完后再另外独立抄单或重盘。

（5）复盘人要100%按手抄单顺序重新盘点一次。

（6）初盘人和复盘人盘完后要相互核对，如发现盘点数量对不上，要一起去重新盘过，并把最后的正确数量在两联手抄单上同时修改好。

（7）初盘人员和复盘人员必须在盘点单上签名并注明柜组、抄单人、初盘人、复盘人、页码。

（8）当盘点完后要把“盘点单”一张不漏地交到店长手上。

问题11：盘点差错常见原因

便利店在进行商品盘点时，出现差错的原因主要包括以下几点：

（1）进货验收差错，主要是规格、数量上的验收差错。

（2）门店之间的调拨差错，可能调拨商品时没有写单过后忘记或忘记交单，出现掉单现象。

（3）进货单未审核、直送商品漏做单、丢失等现象出现。

（4）门店人为错盘、漏盘、多盘、少盘现象（如包装规格混淆等）。

（5）商品失窃损耗（内外）。

（6）门店对单据的漏输或重复输；商品数量的多输、少输；商品条码的错输。

（7）其他方面：平时销售时商品串号等现象。

问题12：如何防范供应商的欺诈行为

便利店在供应商管理中，应同时注意对供应商欺诈行为的防范：

（1）严格执行商品的收货秩序和验收标准。

（2）防止供应商在供货中缺斤少两。

（3）防止供应商以次充好，把不新鲜商品或日期不好的商品混杂在好商品内。

（4）防止供应商在填写供货进价时低价高标。所以，应对照直接供货价格，检查供货单据的成本和零售价格，如果发现有不一致的地方，应立刻向部门主管汇报。

（5）如果发现供货商的单据所显示的品名、重量、规格、有效期、数量与实际验收不一致，应在供货商的单据上进行修改注明，并要求供货商签字。

（6）经常发生供货错误的供应商都应被替换，特别是发生供货商偷盗卖场物品的情况，如果问题没有解决，应大胆地与供货商的上级联系。

（7）已经验收过的商品一定要及时入库交卖场各部门验收。

（8）发现并阻止未经认可的商品进入卖场。

（9）如果在验货时发现已损坏或过期变质以及与单据不符的商品，应在单据上注明没收，并将这些货物搬出收货区。

第六章

安全卫生管理规范化

作业流程·服务细节·疑难解答

本章导读

由于便利店24小时营业、现金交易且采用开架陈列，所以安全管理绝对不能放松，以确保顾客购物安全，向店员提供安全的工作环境，减少损失。同时，便利店的卫生管理工作也不能忽略，为顾客提供一个良好的购物环境，是提升营业额的基本保障。

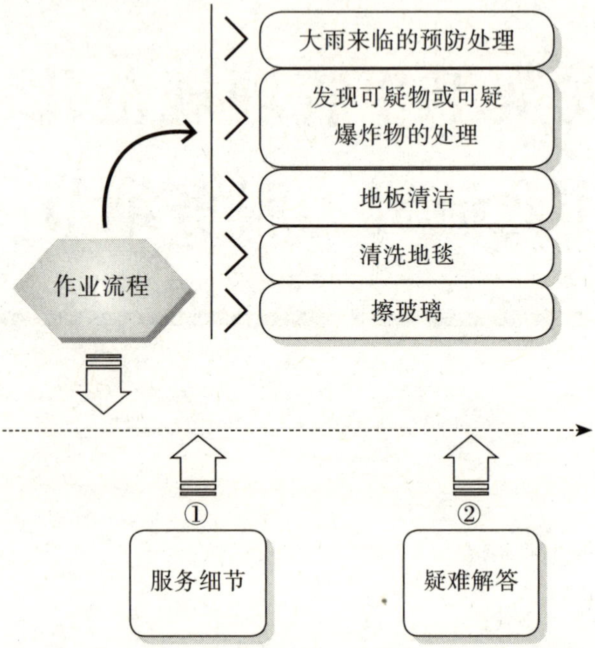

安全卫生管理示意图

解说

①服务细节是对作业流程中需要注意的细节的具体分析指导。

②疑难解答是对作业流程中经常遇到的问题的解释分析。

第一节 作业流程

流程01：大雨来临的预防处理

大雨来临的预防处理，具体如下图所示。

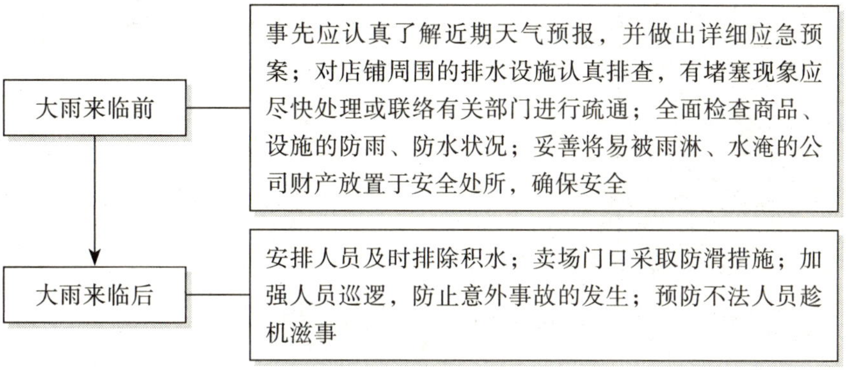

大雨来临的预防处理

流程02：发现可疑物或可疑爆炸物的处理

便利店发现可疑物或可疑爆炸物的处理流程，具体如下图所示。

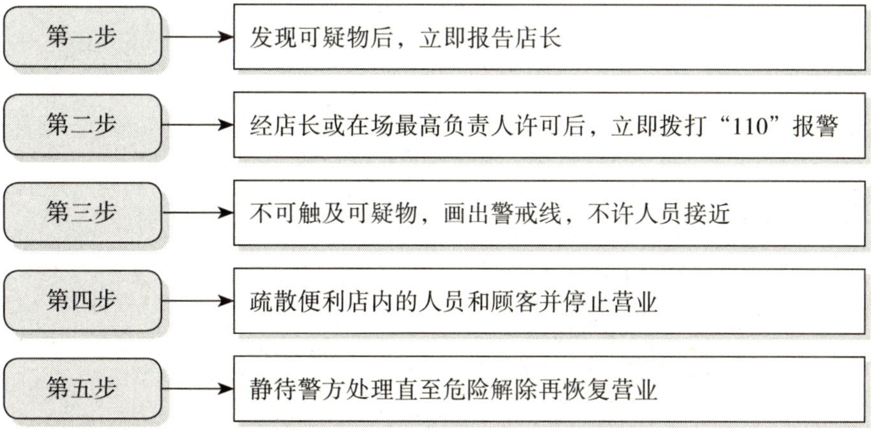

发现可疑物或可疑爆炸物的处理流程

流程03：地板清洁

便利店地板清洁操作步骤，具体如下图所示。

第一步 →	拖地的顺序应为由卖场内向外拖，收银区域内侧及仓库地面做最后清洁
第二步 →	拖把拖至变色时（淡黑色）应清洗一次，拖把每清洗一次拖桶应换水一次（拖桶内的水以添至1/3处为准）
第三步 →	以卖场地面50平方米为标准，拖把应清洗三次以上
第四步 →	整个卖场拖地要重复三次，第一次为用洗衣粉拖地，第二次为用清水拖地，第三次为用干拖把拖
第五步 →	地脚线、货架边缘处用拖把沿底边拖擦，必要时用刀片铲除顽固污渍。中间地面用拖把由左至右横向拖动

地板清洁步骤

流程04：清洗地毯

便利店清洗地毯操作步骤，具体如下图所示。

第一步 →	用竹签把地毯上的黏物（如口香糖）除去
第二步 →	把地毯反过来，先用脚在上面用力跺，再将地毯拿起来，用木棒在地毯背面大力敲打，将地毯上的沙粒去掉
第三步 →	把地毯打湿，然后在地毯的四角和中心浇洒洗衣粉，用地刷在地毯上来回刷洗至出现泡沫为止。用清水把地毯上的洗衣粉冲洗干净，反复洗2～3遍，以地毯放于地面上没有污渍、沙子和洗衣粉泡沫为准

第四步 → 把地毯反过来，再用清水把地毯底层的杂物冲掉

第五步 → 拿到厕所或通风的地方晾干

清洗地毯操作步骤

流程05：擦玻璃

便利店擦玻璃操作步骤，具体如下图所示。

第一步 → 用刀片轻轻刮掉玻璃表面存留的胶纸痕及其他固体污渍

第二步 → 先用半干的毛巾擦拭玻璃两面的灰尘及边角较脏地方，擦至无明显灰尘后即可

第三步 → 首先在玻璃左上方40厘米×40厘米范围内横向喷一次玻璃水，然后立即用玻璃刮从上往下清洁，等玻璃干后用干布全部擦拭一次，达到清洁效果后，仍采用上述方法擦左侧玻璃

第四步 → 两面玻璃分块擦拭一遍后，观察一下整体清洁状况，如个别地方未清洁到位则立即补缺

擦玻璃操作步骤

第二节　服务细节

细节01：突发事件类型

便利店常见的突发事件类型如下图所示。

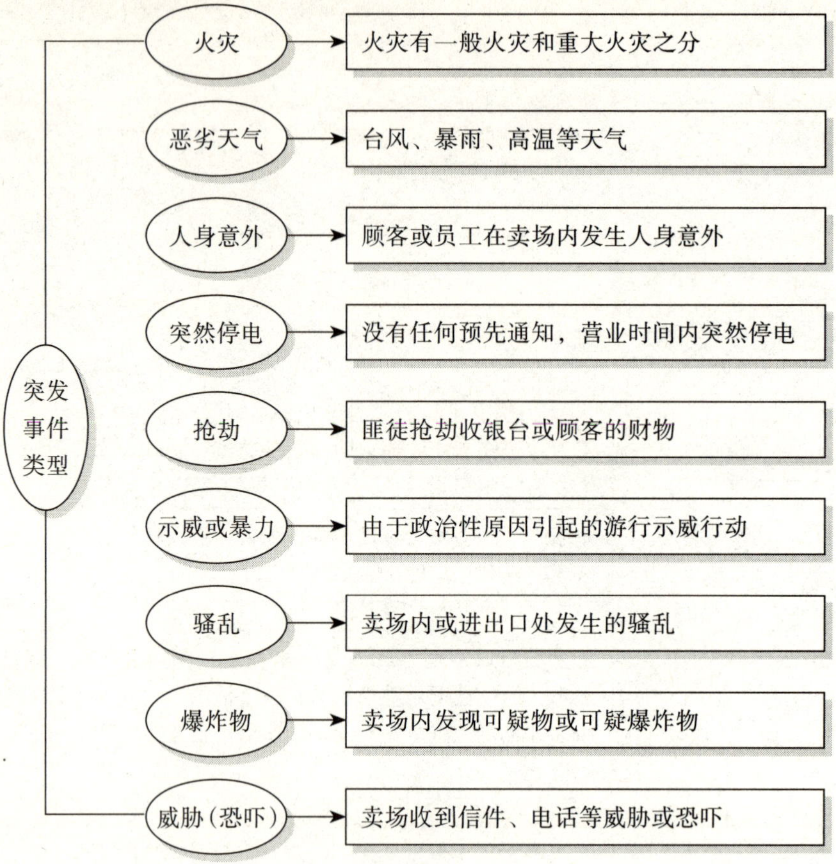

便利店突发事件类型

细节02：遇抢的应对措施

便利店店员在遇到抢劫时，采取的应对措施如下图所示。

避免伤害

不与歹徒争执。若不幸遭遇抢劫，店员首先要学会自我保护，铭记“人身安全第一”，一定要保持冷静，灵活应对。双手动作应让抢匪看得很清楚，避免抢匪误解而造成伤害

注意歹徒特征

详细记下歹徒的特征以助于警方办案。平时教育店员如何识别，避免店员在遇抢时，因惊吓过度而不知所措，对歹徒的各项特征一无所知，即使报案也无法顺利破案

歹徒作案后的处置	确定歹徒已离去后，立即通知店长或经营者并报警。必须保持犯罪现场完整，不要碰摸抢犯曾经碰过的地方，以免破坏了可能存在的指纹或证据

遇抢的应对措施

细节03：食品卫生要求

便利店食品卫生要求，主要包括外观和品质两个方面，具体如下图所示。

外观	清洁（地方、店员、设备、包装、食物）；整洁（摆放的地方）；没有变形，统一的重量及大小，完整无缺
品质	没有过期；不受有害细菌、毒素及外来物质的污染；食物没有腐烂、变质

食品卫生要求

细节04：清洁卫生标准

便利店清洁卫生标准，具体如下图所示。

仪容仪表	穿工衣戴工牌，女士需束发
门前地面	无纸屑、杂物，有序，无交通障碍
门窗/玻璃	墙壁干净，靠墙四周无垃圾、杂物，玻璃明亮
收银台	清洁、有序、整齐、无杂物
卖场地面	无纸屑、杂物、污迹、尘土，通道无堆积包装纸箱

墙壁	无污迹、无尘土、无蛛网、无粘贴物
灯具、空调	无污迹、无尘土
货架/价格标签	无污迹、无灰尘、无过期的价格标签、无粘贴物
商品	有序整齐、无灰尘、无破包/破损
购物车（篮）	无垃圾、无油污、无水迹
垃圾桶	遮盖、桶面干净，桶内垃圾及时清理
冷藏柜、冷冻柜	无污迹、无尘土、无粘贴物、无破包/破损
微波炉，电热水器，咖啡机	清洁无污
其他陈列用具	清洁无污
仓库	归类摆放
货品摆放	齐全整齐

清洁卫生标准

细节05：店员作业错误损耗类型

由于店员作业错误而造成的损耗，主要包括作业疏忽、作业手续不当两种类型，具体如下图所示。

店员作业疏忽	（1）商品有效期限未予检查 （2）商品价格标示错误，高价低标未予察觉，一旦销售出去，就是便利店的损失 （3）对于调高价钱的商品未立即调整 （4）现金管理不当 （5）账目查核表错误 （6）仓库及门未锁好而遭到偷窃
店员作业手续不当	（1）商品调拨的漏记 （2）商品领用未登记或使用无节制 （3）商品进货的重复登记 （4）漏记进货的账款 （5）坏品未及时办理退货 （6）退货的重复登记 （7）销售退回商品未办理进货退回 （8）商品有效期检查不及时 （9）商品条码标签贴错 （10）新旧价格标签同时存在 （11）POP、价格卡与标签的价格不一致 （12）商品促销结束后未恢复原价 （13）商品加工技术不当产生损耗

店员作业错误损耗类型

细节06：设备故障的损耗

设备故障所引起的损耗，一般有停电、冷藏（冻）柜故障，其应对措施，具体如下图所示。

停电	（1）了解停电情况后，应采取特别措施保持商品的鲜度 （2）店内电路故障应及时联络修理，并定期做好电路检修 （3）营业中停电时，店员应向顾客致歉并注意顾客动向
冷藏（冻）柜等机器故障	首先应确认路线是否正常，并及时联络维修人员进行检修

设备故障的损耗及应对措施

细节07：店员异常现象与应对措施

员工偷窃，是便利店在经营中经常受到的困扰，所遭受的损失也是最大的。作为店长，要注意观察员工是否出现异常现象，如有应给予足够重视，提高警觉防患于未然。便利店店员异常现象与应对措施，具体如下图所示。

员工没有辞职就无故离开	（1）更换所有的锁具，并清点所有的钥匙 （2）检查现金 （3）检查烟酒的销售额 （4）检查香烟盒的存量和其他高价商品项目 （5）借助收银日报表检查各班别的销售额，随时了解营业状况，以防弊端发生
员工怀疑他人不诚实时	（1）找出所有的原因、细节，并认真分析问题所在 （2）利用收银日报表检查各班别的销售额 （3）员工调离轮班 （4）监视被怀疑偷窃率较高的商品 （5）找出和所有其他员工不同的工作程序，并追随其异常原因 （6）查看监控
员工的工作态度转变，不如以往时	（1）立刻询问员工是否工作上不如意、家中有事、情感困扰等，这样既可增进员工间的情感，又可使员工自我警惕，防止越轨事件的发生 （2）检查收银日报表 （3）改变员工轮班制度
店内发现空的商品包装盒	（1）检查员工购物政策和手续是否完备 （2）查看监控
员工抱怨收银机的操作有误	（1）找出所有的有关细节，记录操作不当报告 （2）请专业人员加以检修，以使收银机设备正常动作 （3）通过轮班制度检查各班别的销售情况 （4）查看监控
若在收银机上，或其他地方发现现金	（1）立刻询问该现金的由来 （2）检查收银流水 （3）检查现金账目 （4）立刻查看监控

在收银机中放置过多的零钱时	（1）立刻询问员工，请其解释原因，并暗示该员工，店长已注意他的工作情形 （2）查看备用金交接、现金入库的手续是否完备，是否有漏入、少入的情况
若有反常的烟酒销售情况时	（1）检查烟酒入库记录 （2）检查交接班记录 （3）查询每日烟酒的销售量对比

店员异常现象与应对措施

第三节　疑难解答

问题01：歹徒最喜欢抢什么店

一般来说，歹徒最喜欢“光顾”以下几种类型的店铺：

（1）卖场凌乱，等于告诉歹徒这家店铺疏于管理，容易下手，可抢到比较多的钱。

（2）灯光黯淡，从外面看店内一片昏暗，抢匪最喜欢在黑暗的环境中作案。

（3）橱窗乱贴海报，遮蔽了视野，隐蔽了收银机，使抢匪在作案时不致太明显，容易下手。

（4）未设保险柜，大钞皆放在收银机内，且钱常显露出来，如此很容易引起抢劫。

（5）没有目击者，即没有其他顾客时，最容易遭抢，因此当发现可疑人物时，应设法留住其他顾客。

（6）店外街道的岔路多，人员流动大，有容易逃走的路线。

问题02：便利店防抢的方法有哪些

便利店要防抢，需要掌握防抢的方法，主要包括以下几点：

1. 做好现金管理

（1）使用保险柜。须随时检视膨胀螺丝有无脱落，保险柜是否松动，有异样应立即请人修理。密码经一段时间之后，必须重新设定。

保险柜放在柜台下，不要放置于仓库内，因为保险柜放在柜台下，店员收到大钞放入保险柜较方便，且柜台前人多，外面行人也可经橱窗看到柜台区内，若发生劫案，歹徒要撬保险柜时也会有所顾忌。

（2）建立投库制度。规定收银机内的现金超过一定金额，就必须投库。现在一般各大连锁店都规定夜间收银机内金额不得超过100元，且于门口张贴告示“本店自深夜起现金不超过100元，请自备零钱”，以降低被抢的可能性。夜间若来客不多，且店内有多台收银机，可以考虑只开一台收银机以减少现金。

2. 店员保持活跃

店员活跃一些，没有人结账时，可以整理货架、补货、拉排面或做一些清洁工作。若长时间站于柜台内无事可做，容易精神萎靡，提防意识下降。且若店员站在柜台内，遇抢时因事出突然，而无任何时间、空间可以应变。

3. 提高警觉性

店员警觉性要高，且当顾客进门时，要用眼看着顾客大声问候“您好，欢迎光临”，此举一方面可以做好客情，另一方面也可让那些欲入店作案的歹徒有一个警惕——有人在注意，难以下手。另外，店员也应随时注意可疑状况，一旦发现情况不对，应立即通知店主。

4. 店员少带现金或首饰

避免歹徒见钱临时起歹念，或遇抢时，抢匪一并抢走店员的私有现金及身上所佩戴的首饰。

5. 交接班

早、晚班及夜班交班时，数钱动作要快，尽量避免露出钱财，且严格规定店员除非必要，否则不可私自结账数钱，以免引起歹徒的恶念。

6. 尽量不要用现金付款

除非必要，尽量不要用现金付款，改用支票付款，且规定供应商清款、付款应在白天，减少不必要的零用金。

7. 保持店面干净明亮

店外啤酒箱堆放整齐，且定期清卖，不可挡住柜台区的视线；柜台海报不可超过柜台的高度，以免遮蔽了收银机；避免店外堆积商品，及在柜台区陈列过多或过高商品，挡住了对外的视线；避免大车停于门口，挡住了整个门面。

8．店内厕所不外借

这样可以防歹徒利用店员进入仓库时施暴抢钱。遇有人欲借厕所应婉拒，并指点其到附近的公共设施上厕所。

问题03：如何预防顾客偷窃

便利店可以采取以下措施预防顾客偷窃：

（1）改进陈列方式：小东西等易遭偷窃的商品，应陈列于柜台附近的货架。

（2）店员时刻警觉，并采取应对措施。

——顾客进门须加以注视并问好，使顾客知道店员正注意其进出。

——须随时注意排面的情况，及时知道东西是否被偷。

——遇有可疑现象，可以假装补货，使歹徒产生戒备，不敢下手。或者已偷窃，就在结账时提醒他，是否有尚未结账的东西。

——对高单价的东西予以专管，加强店员的警觉性。

——人多结账时，不管金额多少都给一个手提袋装东西，并在出入口派人观看，若拿东西而无手提袋者，询问情况之后请其去结账，避免顾客趁人多的时候顺手牵羊。

——目前大多数便利店都装有监视系统，或配合店内设计而安装防盗镜，以防止被偷。但偷窃者也会利用防盗镜看店员是否正在注意自己，所以店员的警觉性要高，这是防止偷窃的最佳方法。

问题04：销售高档烟酒应注意什么

便利店店员在销售高档烟酒时，应注意以下事项：

（1）每班收银员要严格进行贵重商品30元以上的烟酒类的盘点。

（2）在顾客要买高档烟酒时，要有高度的警惕心理，当烟酒给顾客看时一定不要离手，且不要将视线移开，有必要时，要暗示在场其他工作人员协助，以防调包、被盗现象发生。

（3）当顾客要散装香烟时，店员必须礼貌为顾客服务并礼貌地要求其先交款，然后把顾客所要的散装烟交到顾客手上。

（4）顾客要整条100元以上的烟或50元以上的酒时，收银员必须先收钱再把商品交到顾客手中。

问题05：如何预防店员偷窃

便利店在做好外防工作的同时，也要做好店员偷窃的预防，具体包括以下几点措施：

（1）盘点要清楚，制定盘损率，若超过盘损率，店长及店员须受罚。

（2）在柜台区加装电子录像设备，一方面可防抢，另一方面也可有效监督店员在柜台区的所有动作。

（3）结账钥匙应只让经营者及店长拥有，勿使店员私自结账，柜台不放计算器或登记纸张，防止店员事先算计好或知道结账损益情形，将超出的现金予以窃取。

（4）报表的填写及分析。设立误打、销货退回、自用、退瓶登记的表格，确实要求店员填写，并对误打的发票加以深入调查。店主必须每日填写常规分析表，了解每班次的来客数、客单价及营业额，以了解店员有无作弊。

问题06：如何做好防火工作

便利店必须做好各项防火工作，主要包括以下几点：

（1）打扫垃圾注意有无明火种，有时吸烟者烟蒂未完全熄灭即丢入垃圾桶里，容易引起火灾。

（2）电器、插座、马达附近应当清扫，勿有杂物，因为这些地方用电量较大，容易电线走火，若有太多可燃杂物，则易因微小的火苗导致火灾。

（3）店内勿放易燃物，减少火灾发生的机会。

（4）教育店员用电常识，且店内煤气及电源开关，都应让每位店员知道，不用时应予以关闭，以防患于未然。

（5）店内必须备有灭火器，且使每位店员都会使用，以备不时之需，减少损失。

问题07：停电应如何处理

营业时突然停电，一定要先保持镇定，电箱内开关除了总电源、变压器、电容器、单向总开关及室内灯不关外，其余全部关掉。并注意以下事项：

（1）店内必备照明灯。停电时，紧急照明灯会自动启动，此外，店内应随时备有应急手电筒。如果是在晚上，必须将仓库锁上，加强柜台区的照明，以防歹徒偷或抢。

（2）追查原因。向电力公司查询停电原因及时间长短，以便做出对策。

（3）若长时间停电，应暂时停止使用冷冻、冷藏柜，避免冷冻、冷藏品因温度上升而腐坏。

（4）停电时，收银机无法打出发票，此时可利用空白纸张填上消费金额，并盖发票章，请消费者下次来店时，凭证兑换发票。

（5）若停电是在晚上，且时间很长，可考虑停止营业。如果在白天，而停电时间很长，可试着通知供应商将冷冻、冷藏品运回寄放，或者连锁便利店可彼此支援，暂寄别店。

问题08：发生人身意外事故时，应如何处理

如顾客，尤其是老年人、残疾人、孕妇及儿童有晕倒、突发病发生，应立刻通知专业人员进行必要的急救处理，并迅速拨打急救电话“120”，请派救护车，送顾客到医院就医。

如有意外伤害、重大伤害发生时，店员应立即到医院就医，店长应陪同顾客立即到医院就医，并将具体情况及时上报经理和总部，以便更好地处理善后赔偿事宜。

问题09：如何应对暴力及骚乱

（1）如发现店内有人捣乱或顾客打架斗殴时，应阻止店员和顾客围观，维持现场秩序。

（2）拨打“110”报警，将捣乱人员带离现场或送交公安机关处理。

（3）对捣乱人员造成的损失进行清点，由警察签字后做汇

报。如有重大损害时，要通知保险公司前来鉴定，以作为索赔的依据。

（4）不对顾客的是非进行评论，保持沉着、冷静，要求顾客立即离开卖场。

问题10：如何预防店员作业错误

（1）定期检查货架上的商品有效期限，做好“先进先出”的商品管理，仓库中的库存品亦应定期检查。

（2）定期检查商品价格的标示有无错误或漏标。

（3）请店员详细填写班次分析表，以查核店员的工作情况，若有异常，即予警告。

（4）对于调高价钱的商品，应立即更换标签，更换时要注意先撕下旧标签，再贴上新标签。

（5）请店员填好账目查核表，表中应有应收账款、现金支付表、移转、价格变动及损坏报告等项目，以供参考。

（6）对现金的管理，也应有详细的支付明细表。

（7）定期检查仓库、后门的锁、警铃及各项设备功能是否完好，尽量减少各种可能发生损耗的因素。

问题11：店员受伤时，应如何处理

便利店店员在工作中，常会碰到受伤的情况，可以按照以下方法及时处理：

1．扭伤

扭伤常发生在踝部、腰部、颈部及手腕等处。要安定受伤店员的情绪，固定受伤部位，用冷湿布敷盖患处。

（1）手足扭伤时，可抬高患部。颈部、腰部扭伤时，在搬运时不可移动患部。扭伤常伴有关节脱位或骨折，应立即到医院诊疗。

（2）扭伤后无论轻重，不可即刻洗澡、胡乱按摩，须送医院治疗。扭伤常用的治疗方法有局部封闭（用0.25%～0.5%普鲁卡因）、药物外敷内服、理疗等。

2．割伤

浅的伤口用温开水或生理盐水冲洗拭干后，以碘酊或酒精消毒、止血；或以“好得快”喷雾剂喷于伤口，然后包扎，一般都能较快痊愈。

（1）较小伤口外用“创可贴”即可。

（2）较深的伤口，应立即压迫止血，并速到医院行清创术，视伤情进行缝合修补等。刀伤伤口不可涂抹软膏之类的药物，否则伤口难以愈合。

3．刺伤

宜先将伤口消毒干净，再用经灭菌过的针及镊子，将异物取出，再经消毒后包扎伤口。

（1）异物留在体内易化脓感染，当伤口小、出血少时，在伤口处挤压出一些血液比较好。

（2）指甲的刺伤不易处理，可先将指甲剪成“V”字形口，将刺拔出，或到医院处理。

（3）若被针、金属片等刺伤而其又留于体内时，应到医院在X光下取出。

（4）深的伤口可能有深部重要组织损伤，常并发感染，可予抗炎药物治疗。不洁物的刺伤要预防破伤风的发生，宜到医院肌肉注射破伤风抗毒素。

4．受伤止血方法

店员因工作受伤时的止血方法，通常有以下三种情形：

（1）小伤口。普通的小伤口，血流得很慢很少，应用药棉压住伤口，再用胶布缠好即可。

（2）伤口大一些，流出的血是暗红色的。可将伤口部位抬高些，衣服如太紧应解开或脱掉，再把伤口的下部扎紧，然后用消过毒的布包紧伤口。

（3）血流来势很凶，一涌一涌的或者成一条直线向外射出来，血色鲜红。这种出血很危险，必须把伤口上部靠近心脏的一面扎得紧紧的，并尽快将店员送到医院救治。

问题12：台风来临前应做好哪些工作

便利店在台风来临前，应立即组织公司所有人员做好台风来临前的准备工作。

（1）对店面的防风情况进行全面检查。

（2）使店员及顾客远离玻璃门，到建筑物最牢固的区域（一般来说，支柱之间是建筑物最牢固的地方）。

（3）关闭所有门窗及电源。

（4）注意接听电话，及时、快速传达公司规定的事项。

（5）如发生灾害必须支援时，应及时调集机动应急人员，尽量减少损失。

当台风过后，及时处理损坏的东西，清扫现场，使卖场正常营业。

问题13：如何做好便利店的监控

便利店的监控是便利店管理中重要的一环。构建一个安全、高效的监控网络是每个便利店经营者考虑的头等大事。

现在，许多便利店都开始引进一种新设备——电力猫来加入到便利店的监控系统中。便利店可以使用4个监控摄像头，分别位于门口、墙角等地点，这些监控摄像头可以覆盖整个区域。每只监控摄像头都用电力猫连接，在本地监控中心，用电力猫连接计算机等显示设备，就可以掌握店中的实时情况。

电力猫的使用，不仅摆脱了传统远程有线监控的弊端，而且还大大提高了经营者的管理效率，省去了布线、维护的烦恼，加强了组网的便捷性。

问题14：拖地应注意哪些事项

便利店店员在拖地时，应注意以下事项：

（1）拖地应在营业高峰期以外其他时间操作。

（2）卫生死角及可移设备地面（如报纸架、雪糕柜、供应商品牌形象架等）做重点清洁，非可移动设备地面（如水柜、可乐机等）每周至少彻底清洁一次。

（3）拖地时员工必须双手紧握拖把，在所需清洁地面左右拖动。

（4）漂白水腐蚀性特强，建议每周使用两次，平时尽量多用洗衣粉，以拖桶内装入1/3容积的水为准，加入50克洗衣粉即可。

（5）每天通宵班对清洁工具做彻底的清洗，拖把洗净后正确悬挂于洗手间墙壁，工具头部离地面20厘米。

问题15：清洗地毯应注意哪些事项

便利店店员在清洗地毯时，应注意以下事项：

（1）地毯清洗以一周两次为宜，其他清洁时间请门店根据卫生状况而定。

（2）地毯接触的门前三包地面应做重点清洁。地面卫生死角做彻底清扫。

（3）使用过的地刷等清洁用具正确悬挂于洗手间墙壁，工具头部离地面20厘米。

问题16：擦玻璃应注意哪些事项

便利店店员在擦玻璃时，应注意以下事项：

（1）擦玻璃应在营业高峰期以外其他时间操作，玻璃门拉手处应随时保持无水印、手印。

（2）使用玻璃水时应防止液体溅入眼睛，如不慎入眼，应立刻用清水冲洗，禁止用手揉擦。

（3）玻璃水横向喷一次大概可清洁40厘米×40厘米的玻璃，用报纸擦时应尽可能用力。

（4）清洁过程中必要时可借助人字梯或四脚凳。

第七章

本章导读

便利店常见的设备包括热汤池、蒸包机、电饭煲、微波炉、制冰机、低温柜、开放式冻柜等。便利店经营者必须做好设备的日常清洁、维护及保养工作，如此才能保证便利店正常、基本的运营。

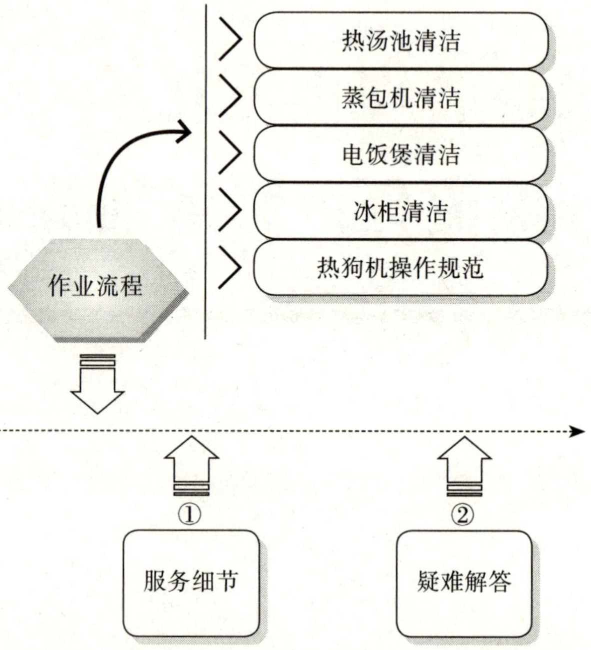

设备管理示意图

解说

①服务细节是对作业流程中需要注意的细节的具体分析指导。

②疑难解答是对作业流程中经常遇到的问题的解释分析。

第一节　作业流程

流程01：热汤池清洁

热汤池清洁步骤如下图所示。

第一步 → 关闭热汤池电源

第二步 → 将机内剩余食品做坏货处理

第三步 → 待机内的水冷却后，倒掉汁液

第四步 → 将内胆及层架拆出用洗洁精清洗后，用清水洗干净，洗完后将层板及内胆放回机内

第五步 → 清洁机器表面及底部桌面

第六步 → 按分量开调汁液，加入机内后开启电源

第七步 → 从冻房取出货品用微波炉解冻、加热

第八步 → 待煮滚汁液后才可以加货

热汤池清洁步骤

流程02：蒸包机清洁

蒸包机清洁步骤如下图所示。

第一步 → 关闭蒸包机电源

第二步 → 将机内剩余食品做坏货处理

第三步 → 放掉机旁喉管内的水，拆卸所有层板，清洁底部包屑

第四步 → 用专用毛巾加适量洗洁精清洗每块层板和机身内外并过水，将层板放回机内指定位置

第五步 → 将热水加到入水管的指定位置后开启电源

第六步 → 从冻房取出货品用微波炉解冻、加热

第七步 → 当蒸包机内的温度升至70℃并充满蒸汽时加新货

蒸包机清洁步骤

流程03：电饭煲清洁

电饭煲清洁步骤如下图所示。

第一步 → 关闭电饭煲电源，将机内剩余货品做坏货处理

第二步 → 将电饭煲内胆取出，倒掉汁液

第三步 → 用洗洁精清洗内胆，并过水（切勿用洁而亮或百洁布破坏其不粘底）

第四步 → 用干净的湿布清洁电饭煲外壳，抹干内胆放回原处后按分量开调汤汁，开启电源

第五步 → 待汤汁煲滚后加入新鲜食物

电饭煲清洁步骤

流程04：冰柜清洁

冰柜清洁步骤如下图所示。

第一步	将柜内货品移至温度相同的柜内（低温柜）
第二步	关闭电源，将柜门打开待温度上升溶雪
第三步	清洗冰柜内壁及雪糕篮
第四步	安装层架
第五步	开启电源，让冰柜恢复常温-18℃～-22℃
第六步	按照货品陈列图上货

冰柜清洁步骤

流程05：热狗机操作

便利店热狗机的操作步骤如下图所示。

洗净双手	制作熟食前，要先洗手，做好个人卫生
解冻与清洗	从冷柜取出热狗肠，放在微波炉解冻1分钟或放在外面解冻
调温	打开热狗机电源开关，将温度调节器刻度调到100℃
烘烤	将已解冻的热狗肠放在转轴上烤

热狗机的操作步骤

第二节　服务细节

细节01：雪糕机的清洗消毒

雪糕机的清洗消毒步骤如下图所示。

过水	揭起上盖，拿出管子；将操作掣拨至“清洗”位置，然后把机内的软雪糕浆放出，用胶袋盛载，投入废物箱；当放掉所有软雪糕浆后，随即氢操作掣拨至“停止”位置；将水注入每一个容缸内，用刷子洗刷容缸内壁、上盖及雪糕浆进口；将操作掣拨至“清洗”位置，让其自行清洗5分钟，把水放掉；把操作掣拨至“停止”位置；重复过水步骤，直至放出的水已经清澈为止
消毒	将消毒溶液注入每一个容缸内；用刷子将容缸内壁、上盖及雪糕浆进口洗刷；将操作掣拨到“清洗”位置，让其自行清洗5分钟；放掉所有消毒溶液，然后将操作掣拨至“停止”位置
拆除配件	将各配件拆除（冷冻门、轴心及所有黑胶圈），浸于消毒溶液内约5分钟
洗刷清洁	先用刷子将所有配件洗刷干净；然后用一条专为清洗软雪糕机用的毛巾，浸于该盆消毒溶液内，扭干后把制冷缸底部的轴承抹干净
安装配件	洗刷各配件后，在各指定位置上涂上软雪糕机特定的润滑剂，把所有拆除的配件包括管子装回机内
消毒	将调好的消毒溶液注入每一个容缸内；将操作掣拨到“清洗”位置，让其自行清洗5分钟；放掉所有消毒溶液，然后将操作掣拨至“停止”位置

雪糕机的清洗消毒

细节02：热狗机烘烤温度与时间标准

烘烤温度与时间标准如下图所示。

用低档（刻度0 ~ 50）	烘烤约40分钟即可售卖；在此状态下有效售卖时间为：烤熟后120分钟内（适用于顾客较少时）
用中档（刻度50 ~ 100）	烘烤约30分钟即可售卖，在此状态下有效售卖时间为：烤熟后80分钟内（适用于顾客普通时）
用高档（刻度100 ~ 200）	烘烤约20分钟即可售卖，在此状态下有效售卖时间为：烤熟后40分钟内（适用于顾客高峰期）

烘烤温度与时间标准

细节03：串串烧的制作

串串锅是用来卤制各种肉丸的。串串锅在使用的时候锅底一定要先加水到适当的位置（以浸过发热管4厘米为宜），然后再插电源，以免烧坏电热管。店员要经常对串串锅进行检查，检查锅底有没有水，水位是否在适当的位置。串串烧的制作步骤，具体如下图所示。

第一步 → 将前两格放汤料锅底，后两格放白开水

第二步 → 先用竹签把同类肉丸4个串为一串，之后将其放在串串锅的后两格用白开水煮

第三步 → 根据销售需求把煮熟的肉丸放进串串锅前两格的汤料里煮

第四步 → 将串串锅温度调节到保温状态（夏季50℃，冬季80℃）

串串烧的制作步骤

第三节　疑难解答

问题01：如何规范使用制冰机

制冰机的正确操作方法主要包括以下几项：

（1）需要启动时，可到后房电箱将制冰机开关打开。

（2）为让机器充分散热，上下左右20厘米内不可放杂物。

（3）使用前先洗手，并使用专用的冰铲及胶桶（带盖）盛装。

（4）在关机状态下，需在取冰后，将内侧的冰料移出，使制冰机继续操作。

（5）需保持制冰机机身清洁，内部机件由维修人员负责清洁。

（6）制满一缸冰后，关掉制冰机控制开关。

问题02：如何规范使用低温柜

低温柜的正确操作方法主要包括以下几项：

（1）保持-18℃～-22℃，每隔2小时检查并登记温度。

（2）储存急冻食品、家庭雪糕类及冰块。

（3）平时只需清洁表面玻璃和外壁，不需抹洗内壁玻璃，防止爆裂。

（4）每次关上柜门后，需稍等，待柜内回温才可开启，否则会导致柜门损坏。

问题03：如何清洁及操作开放式冻柜

开放式冰柜的清洁及操作主要包括以下几项：

（1）保持-6℃，每隔2小时检查并登记温度。

（2）交班前需倒出盛水器内的水，避免浸湿马达发生意外。

（3）每周应清洗2次隔尘网，隔尘网不可用刷子刷洗，只可用清水清洗。

（4）清洁层板时不需关机，直接清洁，以免影响货品品质。

（5）清洁风口时需将电源关闭。

（6）柜内铁板下的风扇不可拆出扇页，用毛巾抹干净即可，以免发生危险。

（7）洗完后开电源，待温度恢复4℃～6℃后再放货品。

问题04：立柜使用有哪些常识

一般便利店立柜的温度（4℃～10℃）在配送过来时已经设定好了。如果平时立柜的温度总是在20℃以上，应该检查制冷开关是否打开或检查散热排气是否正常。此外，要经常检查立柜下的接水盘是否水满以及立柜下方的接水盘是否对立。

由于压缩机的吸阀、排气阀等零部件存在间隙，运行时会有嗡嗡声，这属于正常现象。

问题05：如何规范使用微波炉

店员使用微波炉时要注意盛器的使用，如不锈钢等一些金属制品盛器就不能用于做微波炉的盛器。一般用陶瓷盛器即可，最好使用专用微波炉的盛器。

店员要每天用半干湿的抹布清洁微波炉里面及外表周围。如盒装、袋装食品等需要加热时，必须先开一个口才能将其放入微波炉，然后关上门。如果是自动型微波炉则直接按该商品图标即可。

问题06：如何维护保养收银机

收银机由收银员负责日常使用及管理工作，主要包括以下几项：

（1）每天必须清洁收银机及其外围相关设备，驻店人员应对收银机的键盘、打印机、内壳进行清洁，每月不少于一次。

（2）开机时须先打开UPS电源，再开启主机电源；关闭时必须先退出收银系统，关闭主机电源，再关闭UPS电源，盖上防尘罩。严禁用力敲击键盘。

（3）严禁随意转动客户屏，以免客户屏数据线松动或扭断。

（4）严禁在收银机上放置任何物品。

（5）严禁在收银机周边放置液态物品，以防液体浸入机身。

（6）当收银机不小心浸入液体时，须立即切断电源，通知维修人员到场处理。

（7）严禁频繁开启和关闭收银机。

（8）未经维修人员的同意，严禁随意搬动、拔插收银机后盖的电源线、数据线。

（9）当收银机出现故障时，须立即通知维修人员到场解决，并尽量保护故障现场。

问题07：如何使用打价机

便利店经常需要使用打价机进行商品价格标签的打印、粘贴。

（1）按照打价机说明书中的装纸要求将打价机装入机内，合上打价机底盖时，严禁用力过大。

（2）核对实物和标价签无误后，按标价签上的编码和价格调出相应的数字并核对打出的价格、编码是否正确。

（3）调校数字时，轻轻拉动数字调节器尾端，将指示箭头对准所调数字的位置后，再转动数字调节旋扭，调出所需数字，当箭头在两数字中间位置时，严禁转动调节旋扭。

（4）使用打价机时不能用力过大，应将机身出纸部位轻触商品，严禁敲击商品。

（5）打价机使用完后应放回指定的位置，严禁随手放在商品、货架或地上。

（6）当打出的字迹不清楚时，必须给油墨头加墨，加墨量一次为2～3滴。

（7）严禁用手向外拉打价纸底带，严禁在打价机上贴标签纸。

问题08：如何维护保养UPS电源

UPS（Uninterruptible Power System）即不间断电源，是一种含有储能装置，以逆变器为主要组成部分的恒压恒频的不间断电源。UPS电源维护保养要点主要包括以下几项：

（1）保持UPS外壳的洁净，严禁把UPS放置于潮湿的地方。

（2）严禁在UPS上放置任何物品。

（3）严禁在使用中的UPS外围放置任何物品。

（4）开启电脑设备之前先开启UPS，关闭UPS之前应先关闭电脑设备。

（5）在开启或使用中UPS发出警报声及非正常声音时，要立即寻找原因。

（6）在带电的情况下严禁搬动UPS、拔插UPS上的电源线。

（7）严禁在UPS上接与电脑无关的设备，严禁超负荷运行。

（8）未经维修人员的许可，严禁以任何理由打开机壳。

（9）在使用中UPS电源一旦短路，必须立即切断电源，通知信息中心值班人员到场处理。

问题09：如何使用保养验钞机

便利店店员要做好验钞机的使用和保养，其要点如下所示：

（1）切勿将强磁性物质靠近验钞机。

（2）验钞机使用完毕后，应按“切断”键关闭电源。

——报警及荧光标记的检验。把钞票呈长方形放入验钞机位置，如果是假钞，机器会发出“请注意，这张是假钞”的声音。真币在紫光管下无明显的光反射，假钞则呈明显的青蓝光且会显出明显的水印。

——水印检验。将钞票的水印位置放在白光屏幕上，真币“水印”图像细致逼真，假币图像模糊粗糙。

——磁性检验。将钞票上附有磁性暗记的部分在磁头上用手指压着左右擦动，真币擦动时磁迹灯闪亮，假币擦动时磁迹灯不亮。

问题10：使用人字梯要注意哪些事项

便利店店员在使用人字梯时，需要注意以下事项：

（1）上下货架时应使用人字梯，严禁攀爬（货架本身附有梯子的除外）。

（2）搬梯子时用单掌托起与肩同高的梯子，手背贴肩，保持梯子与身体平行，另一只手扶住梯子以防摆动，不允许横向搬梯或将梯子放在地上拖行。

（3）使用时应把梯子完全打开，将两梯中间的连接横条放平，保证梯子四脚完全接触地面（因场地限制不能完全打开除外）。

（4）不能将未打开的人字梯斜靠在货架上作单梯使用。

（5）使用人字梯向货架上取（放）重物时，应有人扶稳梯子。

（6）从货架上下梯时要先确定梯子放稳后再下梯。

（7）使用完毕后应将人字梯合拢后放在指定的位置。

（8）梯子外借后借出人应负责收回，并检查梯子是否完好。

（9）每周检查梯子的安全状况，如出现下列情况则梯子暂停使用并进行维修：两梯间的连接横条折断，连接处螺丝断落松脱，踏板、立柱严重变形，四脚防滑垫脱落或底部磨平而失去防滑功能。

附录01：便利店常用术语集锦

1. 零售业态（Retailing Format）：零售企业为满足不同的消费需求而形成的不同经营形式。

2. 连锁经营（Chain Operation）：企业经营若干同行业或同业态的店铺，以同一商号、统一管理或授予特许经营权方式组织起来，共享规模效益的一种经营组织形式。

3. 直营连锁（正规连锁）（Company-Owned Chain）：连锁的门店由连锁公司全资或控股开设，在总部的直接控制下，开展统一经营。

4. 自由连锁（自愿连锁）（Voluntary Chain）：若干个门店或企业自愿组合起来，在不改变各自资产所有权关系的情况下，以共同进货为纽带开展的经营。

5. 特许连锁（合同连锁、加盟连锁）（Franchising）：加盟连锁店的门店同总部签订合同，取得使用总部商标、商号、经营技术及销售总部开发商品的特许权，经营权集中于总部。加盟连锁店的门店均为独立法人。

6. 直营店（Chain Store）：以同一资本直接采取连锁经营的门店，也称连锁店。

7. 加盟店（Franchised Outlet）：以特许连锁方式经营的门店。

8. 超级市场（Supermarket）：采取自选销售方式，以销售生鲜商品、食品和向顾客提供日常必需品为主要目的的零售业态。

9. 便利店（方便店）（Convenience Store，C.S）：满足顾客便利性需求为主要目的的零售业态。

10. 连锁公司（Chain Corporation）：连锁超市（便利店）公司应由10个以上门店组成，实行规范化管理，必须做到统一订货，集中合理化配送，统一结算，实行采购与销售职能分离。连锁超市（便利店）公司由总部、门店和配送中心（或委托配送机构）构成。

11. 总部（Headquarters）：总部是连锁公司经营管理的核心，它除了自身具有决策职能、监督职能外，还应具备以下基本职能：网点开发、采购配送、财务管理、质量管理、经营指导、市场调研、商品开发、促销策划、人员招聘、人才培训、教育及物业管理等职能。

12. 门店（Outlet）：门店是连锁经营的基础，主要职责是按照总部的指示和服务规范要求，承担日常销售业务。

13. 配送中心（Distribution Center）：配送中心是连锁公司的物流机构，承担着商品的集货、库存保管、包装加工、分拣配货、配送、信息提供等职能。配送中心由分货配货（Tc）、流通库存（Dc）、生鲜加工（Pc）三部分构成。

14. 单品（Stock Keeping Unit，Sku）：商品的最小分类。

15. 单品管理（Sku Control）：是通过电脑系统对某一单品的毛利额、进货量、退货量、库存量等，进行销售信息和趋势的分析，把握某一单品的订货、进货情况的一种管理方法。

16. 客单价（Per Customer Transaction）：每一位顾客平均购买商品金额，其中：

客单价=商品平均单价×每一顾客平均购买商品个数。

客单价=销售额÷顾客数

17. Abc分析（Abc Analysis）：对重点商品或项目的管理手段。Abc分析的具体做法是：首先将商品依畅销度排行，计算出每一项商品销售额比及累计构成比，以累计构成比为衡量标准，即80%的销售额约由20%的商品创造，此类商品为A类商品。15%的销售额约由40%的商品创造，此类商品为B类商品。5%的销售额约由40%的商品创造，此类商品为C类商品。

18. 商圈（Trading Area）：来商店购物的顾客居住区域。商圈的大小，主要依据有效吸引来商店购物所需时间而定。根据时间、距离、占有率等，将商圈分第一商圈、第二商圈、第三商圈。

19. 商品供应计划（Merchandising）：商品由原料开始到最终消费的全过程。即：由原料筹集、产品设计、成本控制到向顾客提供商品的所有活动的总称。

20. 自有品牌（Private Brand）：零售业为建立商品差异化形象而选定某些合适商品，委托制造商加工，并冠以零售企业自身的品牌之称。

21. 畅销商品（Fast Selling Merchandise）：补货频度和订货频度高，销售量和订货量都大的商品。一般多指Abc分析中的A类商品。即用20%的商品，创80%的销售额的商品。

22. 交叉比率（Cross Ratio）：交叉比率=周转率×毛利率，通常以每季为计算期间。交叉比率低的为优先淘汰商品。

23. 信息系统（Information System）：信息系统由营业信息系统、管理信息系统和外部关联信息系统构成。

24. MIS系统（Management Information System）：商店管理信息系统。企业把经营所必要的信息（会计管理信息、人事管理信息、经营管理信息等）储存于电脑，按需要进行加工、分析，所得信息再灵活运用于企业决策中的一种技术方法。

25. POS系统（Piont-Of-Sale System）：商店的时点销售数据管理系统。

26. EOS系统（Electronic Ordering System）：电子订货系统。指销售商与供应商的电脑相连接，达到正确、迅速开展补货、订货业务的系统。

27. EDI（Electronic Ordering System）：电子数据信息交换系统。指以电子方式开展资料交换的交易，用不同机种连接不同行业的企业电脑，开展无电话、无传票（无纸）的数据交换的系统。

28. ECR（Efficient Consumer Response）：食品行业防止缺货迅速有效的补货系统。

29. QR（Quick Response）：服装衣料业为减少缺货、缩短加工时间，减少经营费用，能准确预测补货信息的、适应顾客需求变化的快速反应。

30. 增值网（Value Added Network）：将收集的商业信息通过电脑网络，附加各种服务，再提供给第三者的有偿资讯信息，即称增值网。

31. 店外条码（Out-Store Bar Code）：产品在制造商生产阶段已印在包装上的商品条码，通常由产品的供应商事先提出申请，在产品出厂前已印好条码。店外条码适合于大量生产的产品。

32. 店内条码（In-Store Bar Code）：仅供商店自行印贴、店内使用，不能对外流通的条码，适用于非大量规格化的产品。

33. POP广告（Point Of Purchase）：零售店的店内海报。

附录02：《零售商促销行为管理办法》

第一条　为了规范零售商的促销行为，保障消费者的合法权益，维护公平竞争秩序和社会公共利益，促进零售行业健康有序发展，根据有关法律法规，制定本办法。

第二条　零售商在中华人民共和国境内开展的促销活动适用本办法。

第三条　本办法所称零售商是指依法在工商行政管理部门登记注册，直接向消费者销售商品的企业及其分支机构、个体工商户。

本办法所称促销是指零售商为吸引消费者、扩大销售而开展的营销活动。

第四条　零售商开展促销活动应当遵循合法、公平、诚实信用的原则，遵守商业道德，不得开展违反社会公德的促销活动，不得扰乱市场竞争秩序和社会公共秩序，不得侵害消费者和其他经营者的合法权益。

第五条　零售商开展促销活动应当具备相应的安全设备和管理措施，确保消防安全通道的畅通。对开业、节庆、店庆等规模较大的促销活动，零售商应当制定安全应急预案，保证良好的购物秩序，防止因促销活动造成交通拥堵、秩序混乱、疾病传播、人身伤害和财产损失。

第六条　零售商促销活动的广告和其他宣传，其内容应当真实、合法、清晰、易懂，不得使用含糊、易引起误解的语言、文字、图片或影像。不得以保留最终解释权为由，损害消费者的合法权益。

第七条　零售商开展促销活动，应当在经营场所的显著位置明示促销内容，促销内容应当包括促销原因、促销方式、促销规则、促销期限、促销商品的范围，以及相关限制性条件等。

对不参加促销活动的柜台或商品，应当明示，并不得宣称全场促销；明示例外商品、含有限制性条件、附加条件的促销规则时，其文字、图片应当醒目明确。

零售商开展促销活动后在明示期限内不得变更促销内容，因不可抗力而导致的变更除外。

第八条　零售商开展促销活动，其促销商品（包括有奖销售的奖品、赠品）应当依法纳税。

第九条　零售商开展促销活动应当建立健全内部价格管理档案，如实、准确、完整记录促销活动前、促销活动中的价格资料，妥善保存并依法接受监督检查。

第十条　零售商开展促销活动应当明码标价，价签价目齐全、标价内容真实明确、字迹清晰、货签对位、标识醒目。不得在标价之外加价出售商品，不得收取任何未予明示的费用。

第十一条　零售商开展促销活动，不得利用虚构原价打折或者使人误解的标价形式或价格手段欺骗、诱导消费者购买商品。

第十二条　零售商开展促销活动，不得降低促销商品（包括有奖销售的奖品、赠品）的质量和售后服务水平，不得将质量不合格的物品作为奖品、赠品。

第十三条　零售商开展有奖销售活动，应当展示奖品、赠品，不得以虚构的奖品、赠品价值额或含糊的语言文字误导消费者。

第十四条　零售商开展限时促销活动的，应当保证商品在促销时段内的充足供应。

零售商开展限量促销活动的，应当明示促销商品的具体数量。连锁企业所属多家店铺同时开展限量促销活动的，应当明示各店铺促销商品的具体数量。限量促销的，促销商品售完后应即时明示。

第十五条　零售商开展积分优惠卡促销活动的，应当事先明示获得积分的方式、积分有效时间、可以获得的购物优惠等相关内容。

消费者办理积分优惠卡后，零售商不得变更已明示的前款事项；增加消费者权益的变更除外。

第十六条　零售商不得虚构清仓、拆迁、停业、歇业、转行等事由开展促销活动。

第十七条　消费者要求提供促销商品发票或购物凭证的，零售商应当即时开具，并不得要求消费者负担额外的费用。

第十八条　零售商不得以促销为由拒绝退换货或者为消费者退换货设置障碍。

第十九条　鼓励行业协会建立商业零售企业信用档案，加强自律，引导零售商开展合法、公平、诚实信用的促销活动。

第二十条　单店营业面积在3000平方米以上的零售商，以新店开业、节庆、店庆等名义开展促销活动，应当在促销活动结束后十五日内，将其明示的促销内容，向经营场所所在地的县级以上（含县级）商务主管部门备案。

第二十一条　各地商务、价格、税务、工商等部门依照法律法规及有关规定，在各自职责范围内对促销行为进行监督管理。对涉嫌犯罪的，由公安机关依法予以查处。

第二十二条　对违反本办法规定的行为任何单位和个人均可向上述单位举报，相关单位接到举报后，应当依法予以查处。

第二十三条　零售商违反本办法规定，法律法规有规定的，从其规定；没有规定的，责令改正，有违法所得的，可处违法所得三倍以下罚款，但最高不超过三万元；没有违法所得的，可处一万元以下罚款；并可予以公告。

第二十四条　各省、自治区、直辖市可结合本地实际，制定规范促销行为的有关规定。

第二十五条　本办法由商务部、发展改革委、公安部、税务总局、工商总局负责解释。

第二十六条　本办法自2006年10月15日起施行。

附录03：品牌便利店加盟简介

一、上好便利店

企业标志		
所属国家及城市		中国东莞
市场定位		服务对象：厂区员工、社区居民、青少年 选址范围：居民区、工业区、学校、医院、住宅小区、商业旺区 店铺面积：50～100平方米（会员店30平方米也可） 经营品种：精选1200～2500种日常生活必需的食品、副食品、日用百货等
加盟方式	加盟店	1. 公司与加盟者签订一份合约，授权加盟者在约定区域内使用“星瀚”及“Sunhigh”中英文商标、商号、经营管理技术等，由加盟店投资按公司有关规章制度进行统一规范管理，共享公司相关资源，并向总部缴纳一定费用的经营模式 2. 凡加盟店均须严格遵照本公司的“六个统一”，接受公司的管理模式： （1）统一装修：为统一门店整体形象，由公司对店铺进行专业的统一装修设计及由专业的装修公司负责装修，未经许可，不得私自装修 （2）统一供货：为保证商品质量及成本考虑，由公司或公司指定的供应商为门店统一配货，未经许可，不得私自进货，违者罚款，情节严重者取消加盟资格 （3）统一管理：为规范门店管理，保证门店正常运作，公司管理人员据公司的各项规章制度对门店进行统一管理、督查和指导 （4）统一培训：公司将对门店的从业人员进行统一的岗前培训、在岗培训以及相关的管理、营销、服务的技巧培训

（续表）

加盟方式	加盟店	（5）统一促销：在每逢节庆或重大节日、开业庆典，由公司统一策划营销方案，提高门店影响力和提升门店销售业绩，共同享受供应商的让利促销以及共同承担相关费用 （6）统一系统：为规范管理、降低损耗，对门店人员及商品实行信息化、数字化管理，门店统一使用“星瀚POS系统”对商品的毛利、成本、畅滞销商品进行数据分析和管理
	会员店	1. 对于有一定经营经验和现有门店者，公司与其签订一份合同，除接受公司规定的管理内容（统一促销、统一培训）外，还可自由选择其他总部资源为门店提供相关经营管理技术，并向总部缴纳会员费及相关其他费用的经营模式 2. 凡属本企业会员店者，除了必须遵照“六个统一”中的“统一促销、统一培训”外，其他各项可自由选择： （1）“统一促销”中的相关费用由会员自行负责 （2）“统一培训”中的岗前培训课（诸如管理、营销、服务、营运）中的基础课程免费，技巧课程可获八折优惠
门店装修		1. 公司提供门店装修设计及装修标准，加盟者自行选择装修公司按相关要求和标准装修并承担费用 2. 公司负责工程质量监管及工程完工验收，并收取相关费用
设备配置		1. 店铺必须配置设备：收银台、组合柜、音响、立式冰柜、卧式雪柜、面包架、报纸架、广告架等，购置设施的所有费用由加盟者负责，但有些设备总部可争取供应商提供支持 2. 根据需要，店铺可增加部分设施、散装柜、端头架、微波炉、热狗机、电饭煲、饮料机等
证照办理		1. 门店营业执照及相关证件“卫生许可证”“烟草零售许可证”“酒类专卖证”“税务登记证（国、地税）”由加盟者自行办理 2. 公司为加盟者提供一份允许加盟者使用的“星瀚”“Sunhigh”中英文商标的授权书
商品配送及结算		1. 店铺经营的商品统一由公司指定供应商，指定商品目录和供货价格，由供应商直接将商品配送门店，由门店与供应商直接现金结算 2. 新门店第一批货款，设备购置费，在正式签约前由总部一次性代收，多退少补

（续表）

相关费用	加盟店	1. 开办一间星瀚连锁店总投资8万～15万元，其中：加盟费5000元/3年，管理费500元/月，设备购置2万～3万元，装修款1.5万～3万元，商品款项7万～10万元 2. 管理费按月收取，保证金1万元，在合约期满加盟者遵守加盟协议结清所有往来账目，公司将退回保证金（不计利息）给加盟者 3. 公司提供装修免设计费，加盟者只需一次性支付工程监管费500元
	会员店	一次性收取会员费3000元/3年，管理费300元/月，合同保证金5000元，如无重大违规及其他款项拖欠，履行合同良好则合同期满后返还（不计利息）
备注		以上信息仅供参考，具体以官网公布信息为准

二、可的便利店

企业标志	
所属国家及城市	中国上海
开店要求	1. 初步联络 2. 兼容性分析、填写客户登记表 3. 顾问和案例 4. 可行性分析 5. 缴纳加盟金、签订意向书 6. 对加盟者进行考察和评估 7. 合同谈判接受否 8. 签订正式特许授权合同 9. 缴纳区域加盟费 10. 协助并共同制订经营计划 11. 正式开业 12. 长期不断的经营指导

（续表）

拓展计划	可的将在未来5年内，以2500家门店的规模（加盟店占总数的50%以上）和超过40个亿的营业总额，成为中国便利店行业中集规模和管理、技术和服务为一体的企业
备注	以上信息仅供参考，具体以官网公布信息为准

三、千家伴便利店

企业标志	
所属国家及城市	中国浙江杭州
提供服务	千家伴便利店提供的服务包括： 1. 24小时营业 2. 各类即食食品、冷热饮品、香烟、热包子 3. 代售彩票、演唱会票、旅游票 4. 代销报纸、杂志，代冲胶卷、扩印 5. 公用电话、邮票 6. 自动安全套售卖机 7. 电话送货上门服务 8. 免费租房中介 9. 免费打气、医药箱 10. 免费热水、微波炉加热、雨具出借 注：根据不同情况，各连锁店服务可能有所不同
加盟条件	加盟方拥有或合法租赁符合开设便利店的门店（享有3年以上的使用权，相距千家伴现有网点200米以上道路距离）。拥有开店必须的资金8万～12万元（房租费不考虑在内）。加盟投资人（经营管理者）家庭和睦，无不良记录，对投资开店存在的经营风险有较清醒的认识，有真诚的合作态度，愿意按千家伴的规范要求经营和管理自己的门店
相关费用	设立加盟保证金1万元，用于对加盟方违规行为的扣罚。加盟协议自然终止时加盟主退还保证金（无息）
备注	以上信息仅供参考，具体以官网公布信息为准

四、万店通便利店

企业标志	
所属国家及城市	中国深圳
开店要求	1. 实用面积：40～100平方米 2. 店铺情况：规则方形 3. 临街面：可视不小于4米，以两面临街的转角位为佳 4. 层高：不低于3米 5. 进深：不大于15米 6. 位置：首层铺面，临街人流量大。无道路隔离带或绿化带，位于住宅区或工厂宿舍区出入口、商业旺街或公交车站、学校、医院、写字楼、娱乐场所、大型景点附近
拓展计划	1. 为顾客提供快捷、专业、精细的服务 2. 顾客满意的笑容是我们的追求 3. 质量保证是我们的承诺 4. 与员工分享快乐、成功 5. 加盟商是我们团队的重要成员 6. 供应商是我们的合作伙伴
备注	以上信息仅供参考，具体以官网公布信息为准

五、物美便利店

企业标志	
所属国家及城市	中国北京

（续表）

开店要求	1. 店铺规划设计。通过对店铺的动线规划、统一装潢设计、专业配置方案，总部做好规范的室内外装修设计服务 2. 行销策划。配合不断更新的商品结构，总部将为加盟商提供各种促销活动的策划咨询服务，并在全国进行统一的广告宣传活动，扩大品牌的影响力，增强店铺的竞争力 3. 营运指导。总部建立SV（店铺督导制度）对店铺经营进行指导，提升店铺管理水平，避免出现经营风险。从电脑叫货到宣传布置，将进行全面的店铺作业服务 4. 物流配送。物美集团一流的配送中心具备向店铺提供及时、周到的配送服务。低廉的成本将大大提高加盟店的竞争力 5. 教育培训。总部将会向所有员工提供系统培训，已经验证的成功经验、管理技术将通过这一渠道顺利地输入所有加盟店，成为加盟商制胜的法宝 （1）对便利超市、便利店经营能全心投入 （2）年龄23～55岁，高中（含）以上文化程度 （3）身体健康，信用良好 （4）店铺自有或取得租期3年以上，营业面积50平方米以上 （5）店铺地点需经物美总部评估审查合格 （6）可申请由物美总部代为选址
加盟期限	3年，合约期满可续约
准备资金	加盟金、保证金、商品货款、装潢设备款（至少15万元以上）
利润分配	加盟主获得100%销售毛利，每月仅支付总部权利金与商品管理配送费
备注	以上信息仅供参考，具体以官网公布信息为准

六、美宜佳便利店

企业标志	

（续表）

所属国家及城市	中国广东东莞
加盟项目简介	美宜佳便利店有限公司是广东省东莞市糖酒集团控股的连锁商业流通企业，自1997年成立以来，坚持“务实、专注、创新、共赢”的企业精神，以“品质优良，实惠方便”为服务宗旨，以“开好店，多开店”为店铺发展原则，以特许加盟为主要发展模式，努力构建消费者的生活服务中心 经过13年的创新发展，美宜佳已获得“广东省著名商标”“中国零售业十大优秀特许加盟品牌”等荣誉称号，店铺数超过2800间，遍布东莞、深圳、广州、中山、惠州、佛山、江门、河源、清远、珠海、肇庆等珠三角11个城市，成为广东省最具影响力及最具投资价值的便利店品牌，并已成为中国以特许加盟模式发展的规模最大的便利店系统
加盟项目市场定位	让每一间美宜佳门店成为消费者的生活服务中心 美宜佳正着力构建由丰富的商品、多样化的购物方式、代缴费、代收发、全方位的营销服务组成的消费者生活服务中心
加盟项目使命	对社会：品质优良，实惠方便 对门店：全心全意为门店服务，全力以赴为门店争取利益 对厂商：真诚合作，共创双赢 对员工：提供成长沃土，营造成长氛围，创造成功机会
加盟项目口号	美宜佳，有你真好 让所有消费者享受品质优良、价格实惠的商品以及便利的服务，由衷感受到：美宜佳，有你真好 让所有加盟者实现财富梦想，享受幸福人生，内心真诚呼唤：美宜佳，有你真好 让所有厂商享受合作乐趣，享受成功机会，享受：美宜佳，有你真好 让所有员工体验成长，体验快乐，体验成功，体验：美宜佳，有你真好
企业文化	文化是企业的灵魂，13年的发展历程，美宜佳人一直用心做好企业文化建设，形式多样的回报社会、传递爱心的公益事业，大大小小的健康向上、丰富多彩的集体活动，不仅体现美宜佳人浓厚的社会责任感，而且彰显美宜佳健康的企业文化，美宜佳人将一如既往努力为构建和谐社会作出应有的贡献

（续表）

加盟流程	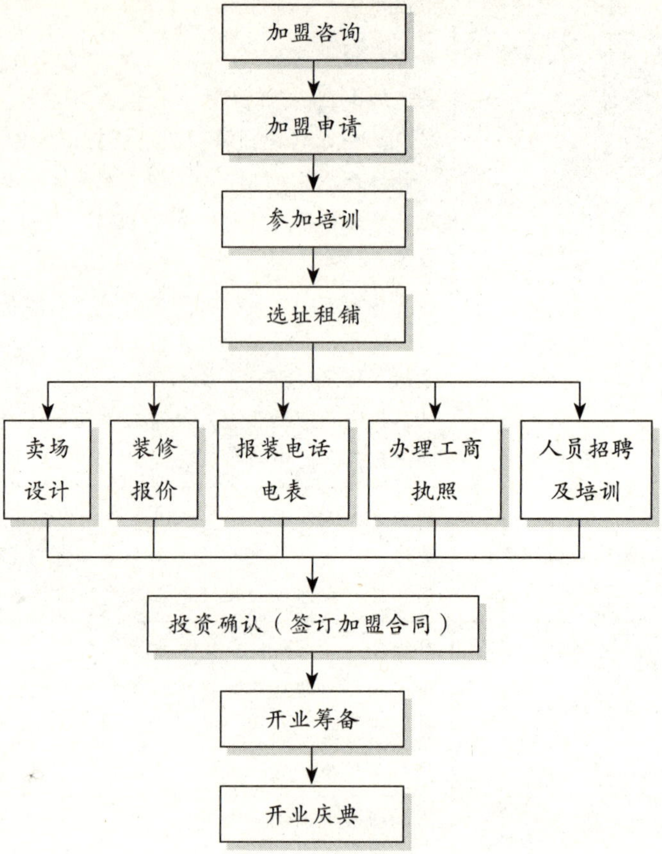
备注	以上信息仅供参考，具体以官网公布信息为准

七、阿里之门便利店

企业标志	
加盟条件	1. 有志于零售业发展，渴望自身创业的人士 2. 拥有一间30～150平方米左右适合便利店经营的店铺（也可由总部提供）

（续表）

加盟条件	3. 店铺产权清楚，使用年限3～5年，位于居民区、工业区、商业区、住宅小区或其他流量大的地方 4. 拥有一定的开店资金 5. 有明确的投资风险意识 6. 能严格遵守阿里之门便利店相关规定，按照阿里之门便利店管理模式经营管理
加盟须知	阿里之门便利店是阿里之门商贸有限公司下属的连锁便利店，阿里之门便利店以“成人达己,乐道常开”为经营宗旨，按照“统一形象、统一培训和管理、统一采购和配送”的经营模式为广大有意投资零售行业的加盟者提供专业的行业咨询、营运指导和商品配送服务 一、合作加盟 阿里之门总部与加盟者签订加盟合同后，总部即授予加盟者阿里之门的商标、商号、经营管理技术使用权，加盟者在使用“阿里之门便利店”商标时，必须保证维护“阿里之门”形象，服从总部的管理，共同维护阿里之门的品牌 二、市场定位 服务对象：社区居民、外来劳工 网点选择：居民区、工业区、学校、医院、商业住宅区、商业旺区 商场选点： 1. 铺位选点可由加盟者自行选点，也可由总部代其选点 2. 铺位转让一切费用均由加盟者支付 3. 选点以双方同意方可正式启动 店铺面积：30～100平方米 经营品种：3000～4000种 三、投资方式和投资预算 加盟者每投资一间店铺，投资总额视店铺具体情况预算在10万元左右，投资项目主要包括以下几方面内容： 1. 开办费：加盟费、加盟保证金、房屋押金和转让费、证照办理、开业广告和员工生活设施等 2. 装修费：门店室内外装修和灯箱招牌 3. 设备配置费：指收银系统、货架、空调冷冻设备，以及电子称等设备 4. 商品库存费：视店铺实际情况由总部统一配置，3.5万～5万元

（续表）

加盟须知	5. 商品流动资金：主要用于开业第一个月的经营管理费用，约2万元。加盟者根据公司发展部的预算费用，先将全部资金在开业前一星期上交到财务部统一支配，开业后由财务部根据核对清算实际费用实行多退少补，在总部统一规范管理指导下，加盟者自主经营、自负盈亏 四、商铺设计装修和设备购置 1. 设计装修由阿里之门总部指定专业人员统一设计制作，并委托专业装修队对店铺进行统一装修 2. 店铺设备：收银系统、音响、面包架、报纸架、货架、空调及冷冻设备，由总部统一购置 3. 门店所需生活设施由加盟者自行购买 4. 门店设施、设备的日常维修费用由加盟者承担 五、商品配送 为保证商品质量、控制商品成本，店铺经营的商品统一由阿里之门总部供货（专营专控商品除外），商品定价由开业店长结合供货商的报价单，再结合门店的周围市场环境进行定价。严禁私自外购，违者总部将取消加盟资格。总部保证其商品的合理性。第一批开业的主打商品由总部配置；日常运作中的商品，由店主自主按总部要求报货并对商品进行严格管理 六、培训与管理 为实现阿里之门真诚服务的经营宗旨，在门店开业前，加盟者及加盟者招聘的员工必须到总部进行岗前培训，培训合格后由总部颁发初级上岗合格证书方可开业，否则将推迟开业时间。开业后，总部将会在店铺装修、基础培训、配送、店铺营运、促销等方面进行规范管理。总部将根据店主申请，安排专职店长及指导员对加盟门店进行技术指导、培训，直到该店一切营运工作步入正轨为止 七、经营证照 门店经营相关证照由加盟者自行办理，总部将为加盟者提供相关证明或证件复印件以及一份允许加盟使用阿里之门便利店商标的授权书 八、加盟费用 加盟费用一次性收取3000元，保证金8000元，合约期满加盟者遵守加盟协议，结清所有往来账目，总部将会退回保证金（不计利息）给加盟者

（续表）

<table>
<tr>
<td>加盟流程</td>
<td>
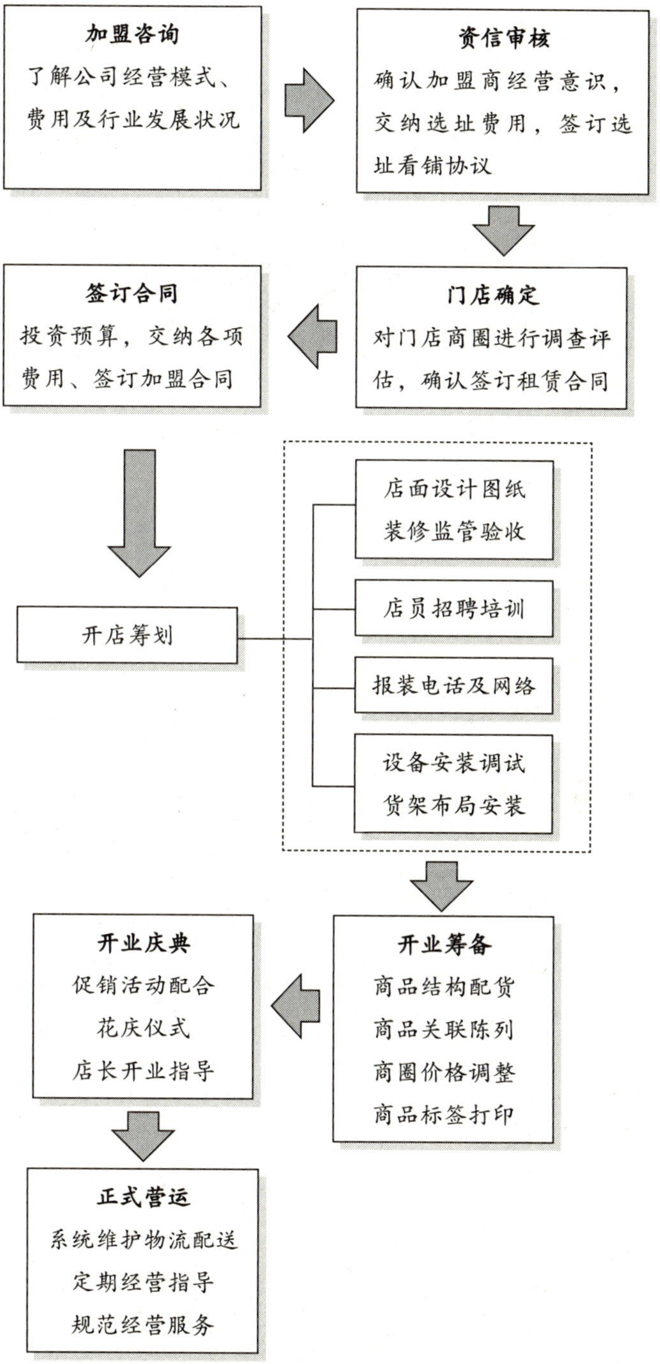

</td>
</tr>
</table>

（续表）

<table>
<tr><td rowspan="2">加盟费用</td><td>
加盟投资、费用举例

以45平方米为例投资明细表　　单位：万元

<table>
<tr><td colspan="5">投资项目</td></tr>
<tr><td rowspan="6">固定资金投入</td><td>名称</td><td>A时尚店投资额</td><td>B一般店投资额</td><td>备注</td></tr>
<tr><td>加盟费</td><td>0.5</td><td>0.3</td><td></td></tr>
<tr><td>开业筹备费</td><td>0.3</td><td>0.25</td><td></td></tr>
<tr><td>店铺选址费</td><td>0.1</td><td>0.1</td><td></td></tr>
<tr><td>收银系统（POS机、软件、商品信息集成）</td><td>1.5</td><td>1.08</td><td></td></tr>
<tr><td>设备及装修</td><td>约5</td><td>约4</td><td>根据门店布局及面积的实际项目单位计算，多退少补</td></tr>
<tr><td rowspan="5">流动资金投入</td><td>合计</td><td>约7.5</td><td>约5.8</td><td></td></tr>
<tr><td>加盟保证金</td><td>1</td><td>1</td><td>合同期满退还</td></tr>
<tr><td>首批货款</td><td>约4</td><td>约3.5</td><td>根据货架及营业面积以实际配货量计</td></tr>
<tr><td>常用及开业营运物料</td><td>0.2</td><td>0.2</td><td>以实际物料单为准</td></tr>
<tr><td>租铺费及周转金</td><td></td><td></td><td>以实际情况而定</td></tr>
<tr><td>说明</td><td colspan="4">1. 利润总额=月营业额×毛利
2. 新店具体投资及经营费用以实际支出为准，旧店升级改造投资额同比较低
3. 本表以一般门店数据为基础</td></tr>
</table>
</td></tr>
</table>

备注	以上信息仅供参考，具体以官网公布信息为准

参考文献

[1] 金娟等. 打造一流的便利店. 深圳：海天出版社，2004

[2] 赵涛. 便利店经营管理. 北京：北京工业大学出版社，2002

[3] 张力. 便利店之王：7-11连锁扩张与赢利商略. 北京：中国经济出版社，2008

[4] 罗光明，赵建民. 连锁餐饮加盟与管理. 沈阳：辽宁科学技术出版社，2007

[5] 邬适融. 加盟连锁：开店创业的成功之路. 上海：上海交通大学出版社，2008

[6] 朱霖，王生平. 特许商：品牌决胜市场. 深圳：海天出版社，2005

[7] 韩肃，苗钟颖. 连锁经营管理. 哈尔滨：哈尔滨工业大学出版社，2004

[8] 钟复台等. 特许经营操作规范. 北京：中国经济出版社，2003

[9] Robert. Justis，RichardJ. Judd. 特许经营管理. 张志辉，王丹等，译. 北京：清华大学出版社，2005

[10] 祝文欣. 金牌加盟商. 北京：中国纺织出版社，2004

[11] 吴一夫. 开店、管店、转店最新实用手册. 北京：中国言实出版社，2006

[12] 杨丽娟. 特许经营：受许人实用手册. 北京：中国宇航出版社，2004

[13] 陈建明. 店店为赢：创业开店指南. 北京：中国经济出版社，2007

[14] http：//bld.yipu.eom.cn 易铺网

[15] http：//www.funbuy.cn 便利店百龙网

[16] http：//www.i18.cn 中华零售网.便利店频道

[17] http：//www.7chy.com 零售店长网

[18] htto：//www.5ljam.com 我要加盟网

[19] http：//www.iml78.cn 国际加盟网

华睿书库：企业人爱看的书

“制造业·服务业管理工具库”精品书目

微时代·微营销系列

序号	书　目	定价（元）
1	《全网微营销创意案例集》	36.00
2	《腾讯，不仅仅是QQ——腾讯为什么成功》	36.00
3	《小米，不是苹果——小米给我们的启示》	36.00

服务业精细化管理丛书

序号	书　目	定价（元）
1	《酒店前厅规范化作业流程·服务细节·疑难解答（图解版）》	32.00
2	《酒楼餐厅规范化作业流程·服务细节·疑难解答（图解版）》	35.00
3	《酒店客房规范化作业流程·服务细节·疑难解答（图解版）》	32.00
4	《休闲娱乐中心规范化作业流程·服务细节·疑难解答（图解版）》	30.00
5	《便利门店规范化作业流程·服务细节·疑难解答（图解版）》	30.00
6	《保险销售规范化服务细节·疑难解答·实战话术（图解版）》	32.00
7	《汽车4S店规范化作业流程·服务细节·疑难解答（图解版）》	35.00

绩效管理实用工具书

序号	书　目	定价（元）
1	《餐饮服务业绩效管理流程·指标·制度·表格》（附赠光盘）	58.00
2	《酒店服务业绩效管理流程·指标·制度·表格》（附赠光盘）	58.00
3	《物业公司绩效管理流程·指标·制度·表格》（附赠光盘）	58.00
4	《制造业绩效管理流程·指标·制度·表格》（附赠光盘）	58.00

绩效考核与测评管理工具书

序号	书　目	定价（元）
1	《餐饮企业绩效考核与测评管理全案》	55.00
2	《零售企业绩效考核与测评管理全案》	58.00
3	《物业管理绩效考核与测评管理全案》	48.00
4	《星级酒店绩效考核与测评管理全案》	58.00
5	《中小企业绩效考核与测评管理全案》	48.00

行业图解精益管理系列

序号	书　目	定价（元）
1	《中小企业精益管理与过程控制全案（图解版）》	待定
2	《物业公司精益管理与过程控制全案（图解版）》	待定
3	《星级酒店精益管理与过程控制全案（图解版）》	待定
4	《餐饮企业精益管理与过程控制全案（图解版）》	待定
5	《零售企业精益管理与过程控制全案（图解版）》	待定